発達障害のある高校生の

キャリア教育・進路指導 ハンドブック

榎本容子・井上秀和 編著

就労支援編

【本書のねらい・読者層】

　本書は、「高等学校に在籍する発達障害のある生徒に対し、卒業後の就労を見据えつつ、キャリア教育や進路指導を適切に進めるために必要な基礎知識」を網羅し、わかりやすく解説することをねらいとしています。

　本書の主な読者層としては「高等学校の教員」を想定していますが、高等学校と連携した支援に向けて、「生徒の保護者、福祉・労働機関の職員、企業関係者」等にも参考になるものと考えています。

【本書の趣旨】

　発達障害がある場合、高等学校卒業後、進学先や就労先で困難を抱えるケースも少なくなく、学校段階からの卒業後を見据えたキャリア教育や進路指導の充実が望まれています。このような指導・支援にあたっては、例えば、発達障害のある生徒の特性や困りごと、障害特性に配慮したキャリア教育や進路指導の進め方、障害のある生徒の多様な進路選択肢など（例えば、進学か就労か、就労の場合は一般雇用か障害者雇用か、就労前に専門機関を利用するか、進学の場合は、学部をどのように選定するか）、幅広い知識が必要となります。

　しかし、現状では、そうした知識が網羅的に整理された書籍は見当たりません。そのため、現場実践のスキマ時間に、発達障害のある生徒のキャリア教育・進路指導に向けた基礎知識を、理論から実践まで、できるだけ負担なく得られるような「入門的な手引書」が必要と考えました。この際、卒業後の進路が就労と進学の場合とでは、必要な知識はやや異なってきます。そのため、本企画は「就労支援編」と「進学支援編」の2巻構成としました。両巻は、一部共通する情報を含みますが、できるだけそれぞれの進路選択肢に応じた情報を含められるよう留意しています。

　具体的には「発達障害」や「現行の学習指導要領のポイント」「特別支援教育」については、共通して知っておくべき情報なので、「序」として共通して配置しています。

　なお、キャリア教育・進路指導の基本的理論は、就労・進学にかかわらず、共通性がありますが、構成の制約上「キャリア教育」については就労支援編に、「進路指導」については進学支援編にて解説しています。各編のみでも指導・支援にあたっては問題がないよう構成していますが、両編を合わせてご覧いただくことでより知識が深まると考えます。

【本書における用語の定義】

　本書では、「就労」「就職」「就業」など、働くことについて複数の用語を用いています。主として、仕事に就くことに焦点を当てている場合には「就職」、入職後の生活までも見据えている場合は「就労」、実際の仕事を体験する等の文脈では「就業」という表現を用いています。

【本書の構成】

　本書は「就労支援編」となります。内容は、「序　障害のある生徒の指導・支援の基礎理解（就労支援編・進学支援編共通）」、「パート1　押さえておきたい指導・支援のポイント」「パート2　知っておきたい制度・施策のポイント」「パート3　もっと知りたい学校での実践のポイント」

の４部構成としており、発達障害のある生徒の将来の就労を見据えたキャリア教育・進路指導（就労支援）に向けて必要となる基礎知識を、制度・施策から指導・支援に関する内容まで網羅的に取りまとめています。

　また、各項では、ポイントを押さえた説明文と、内容理解を深めるための図表や資料から構成し、視覚的にもわかりやすく解説しました。一方で、途中、コラムという形で、知識を広げていくためのヒントを示しています。

知りたいこと	本書の内容例
●発達障害について知りたい ●特別支援教育について知りたい	例えば… 序　障害のある生徒の指導・支援の基礎理解 　　　発達障害の基礎 　　　学習指導要領の基礎 　　　特別支援教育のポイント
●キャリア教育について知りたい	例えば… パート１　押さえておきたい指導・支援のポイント 　１　キャリア教育のポイントを教えてください
●学校卒業後に、就労先で直面する困難について知りたい ●就労に向けて期待されている指導・支援について知りたい（自己理解を深める指導などについて知りたいなど） ●就労に向けて、普段疑問に思っていることを知りたい（受診、障害者手帳、障害者就労、外部の専門機関等、情報提供する際の留意点を知りたいなど）	例えば… パート１　押さえておきたい指導・支援のポイント 　２　就労時に直面する困りごとを教えてください 　３　就労に向けて高等学校で期待される指導・支援について教えてください 　４　ここが知りたい就労支援 Q&A
●一般雇用と障害者雇用の違いについて知りたい ●就労支援の進め方について知りたい ●職場で受けられる支援について知りたい ●就労に向けて相談できる機関について知りたい	例えば… パート２　知っておきたい制度・施策のポイント 　１　就職支援のポイントを教えてください 　２　職場定着支援について教えてください 　３　就労・自立を支援する相談・支援機関について教えてください 　４　就労・自立に向けた訓練を行う機関について教えてください
●学校の組織体制や実践について知りたい	例えば… パート３　もっと知りたい学校での実践のポイント 　高等学校での実践例から 　１　全日制高校専門学科での取り組みを教えてください 　２　全日制高校普通科での取り組みを教えてください 　３　定時制・通信制高校での取り組みを教えてください 　[資料]　就労支援に役立つガイド・資料等の紹介
●就労事例についてイメージを深めたい	例えば… パート３　もっと知りたい学校での実践のポイント 　就労事例から 　１　就労についてイメージできる事例を教えてください（ハヤトさんの場合） 　２　家庭との連携のポイントを教えてください 　３　事例のポイント解説（ハヤトさんの事例から）

【本書の特色】

　本書は、学校教育から卒業後まで幅広い知識を取りまとめるうえで、各分野の専門家に執筆協力を得て作成しています。また、一つの書籍としての読みやすさを高めるために、編者が各原稿について全体的視点から編集作業を行っています。専門的な知識について、各原稿の関連性も踏まえつつ、できるだけわかりやすくお伝えできるよう配慮しました。

　また、本書の内容は、教員から寄せられることが多い質問を意識して構成しています。参考までに、本書の内容を一部ご紹介します。

【読者のみなさまへ】

　本書は、発達障害のある高校生のキャリア教育・進路指導にあたり、入門的な手引書となります。本書の特質から、現場での指導・支援について、細かな手ほどきを行うことはできませんが、まずは本書により、指導・支援を進めるうえでの理論的な背景を押さえ、指導・支援を進めるうえでのヒントを得ていただけましたら幸いです。これにより、発達障害のある高校生に対する、卒業後の就労を見据えた指導・支援の進展に向けた一助となることを願っています。

榎本容子

＊付記

本書の取りまとめにあたっては、筆頭編者である榎本の科学研究費助成事業等の研究成果を活用しています。このため、成果還元の一環（非営利活動）として、筆頭編者としての活動に取り組みました。これまで、各種研究にご協力いただいた皆様に心より感謝申し上げます。

■ パート2　知っておきたい制度・施策のポイント ·············· 63

福祉・労働に関する制度・施策の基礎知識 ································· 64

障害のある生徒の
指導・支援の基礎理解

　ここでは、「発達障害」や「現行の学習指導要領のポイント」「特別支援教育」など、障害のある生徒にキャリア教育・進路指導を行ううえでの前提として、就労支援・進学支援に共通して知っておきたい情報について解説します。

　＊「発達障害のある高校生のキャリア教育・進路指導ハンドブック〈進学支援編〉」と共通の内容となっています。

発達障害とは

発達障害の基礎

読み書きや計算など学習面の困難さや、不注意や対人関係を築きにくいといった行動面、社会面の困難さなどがある生徒の中には、発達障害の可能性がある生徒が含まれています。発達障害のある生徒の困りごとに着目する際は、生徒の障害が医学的な診断や、法律、教育的な判断など、何に基づいているのかを確認する必要があります。

医学的な診断

医学的な診断には、アメリカ精神医学会が作成した「精神疾患の診断・統計マニュアルＤＳＭ（Diagnostic and Statistical Manual of Mental Disorders）」や、世界保健機構（ＷＨＯ）が作成した「疾病及び関連保健問題の国際統計分類（International Statistical Classification of Diseases and Related Health Problems）」があります。

2023（令和５）年３月現在、精神疾患の診断・統計マニュアルは、第５版となるＤＳＭ－５が発表され（2013（平成25）年）、わが国において適用が済んでいます。また、疾病および関連保健問題の国際統計分類は、ＩＣＤ－11が公表され（2018（平成30）年）、適用に向けた準備が進んでいます。

法律による規定

発達障害者支援法には、発達障害が以下のように定義されています。

> **第二条**
> この法律において「発達障害」とは、自閉症、アスペルガー症候群その他の広汎性発達障害、学習障害、注意欠陥多動性障害その他これに類する脳機能の障害であってその症状が通常低年齢において発現するものとして政令で定めるものをいう。
>
> **2**
> この法律において「発達障害者」とは、発達障害がある者であって発達障害及び社会的障壁により日常生活又は社会生活に制限を受けるものをいい、「発達障害児」とは、発達障害者のうち十八歳未満のものをいう。

教育的な判断

　学校教育においては、2021（令和３）年６月に改定された文部科学省の「障害のある子供の教育支援の手引〜子供たち一人一人の教育的ニーズを踏まえた学びの充実に向けて〜（以下、「教育支援の手引き」という）」の中で整理されています。以下、教育支援の手引きに示される内容を紹介します。

＜学習障害（Learning Disabilities：LD）＞

　学習障害とは、全般的に知的発達に遅れはないが、聞く、話す、読む、書く、計算する、または推論するといった学習に必要な基礎的な能力のうち、一つないし複数の特定の能力についてなかなか習得できなかったり、うまく発揮することができなかったりすることによって、学習上、さまざまな困難に直面している状態をいう。

＜注意欠如・多動症（Attention-Deficit/Hyperactivity Disorder：ADHD）＞

　注意欠陥多動性障害とは、身の回りの特定のものに意識を集中させる脳の働きである注意力にさまざまな問題があり、または、衝動的で落ち着きのない行動により、生活上、さまざまな困難に直面している状態をいう。

＜自閉スペクトラム症（Autism Spectrum Disorder：ASD）＞

　自閉症とは、①他者との社会的関係の形成の困難さ、②言葉の発達の遅れ、③興味や関心が狭く特定のものにこだわることを特徴とする発達の障害である。その特徴は３歳くらいまでに現れることが多いが、成人期に症状が顕在化することもある。中枢神経系に何らかの機能不全があると推定されている。

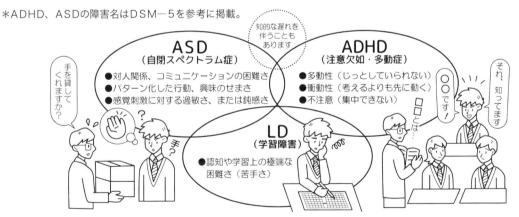

　ＤＳＭ−５の適用前は、自閉症については、知的発達の遅れを伴わないものが高機能自閉症、知的発達の遅れを伴わず、かつ自閉症の特徴のうち言葉の発達の遅れを伴わないものがアスペルガー症候群とされてきました。ＤＳＭ−５の適用後は、広汎性発達障害という用語が「自閉スペクトラム症／自閉症スペクトラム障害」に変更されました。本書では「自閉スペクトラム症」と表記します。

　また、ＡＤＨＤについては、ＤＳＭ−５において、「注意欠如・多動症／注意欠如・多動性障害」とされています。本書では「注意欠如・多動症」と表記します。

発達障害のある生徒が困っていること

発達障害のある生徒の困難さは、ＬＤ、ＡＤＨＤ、ＡＳＤの障害特性によるもののほか、学校生活や家庭生活、成長過程での周囲との関係性等が影響している場合があります。このため、障害特性に加え、学習面や行動面、社会性面等の側面から困難さに注目する必要があります。
以下では、発達障害教育推進センターのホームページ（http://cpedd.nise.go.jp/）を参考に、発達障害のある生徒の困りごとについて説明します。

「認知特性」「認知処理過程」「感覚過敏」などに注目する

2018（平成30）年に改訂された高等学校学習指導要領解説各教科編では、学習活動を行う場合に生じる困難さが異なることに留意し、個々の生徒の困難さに応じた指導内容や指導方法を工夫することが示されています。

発達障害のある生徒が困っていることを知るためには、読み書きや計算等の困難さや、注意の集中を持続することが苦手といった障害特性による困難さに加え、視覚や聴覚などの感覚器から入ったさまざまな情報を脳の中で「整理」「記憶」「理解」する『認知特性』や、情報を「整理」「記憶」「理解」するための『認知処理過程（継次処理や同時処理）』といった側面にも注目する必要があります。また、聴覚や視覚、触覚などの外部からの刺激が過剰に感じられ、不快に感じる「感覚過敏」にも留意する必要があります。

学習障害（LD）

学習障害（LD）の生徒は、知能検査等による全般的な知的発達の遅れがないものの、特定の教科等の教科学習において著しい遅れを生じる場合があります。また、得意な教科と苦手な教科の差が大きくなることもあります。この背景には、読み書きや計算等の困難さに加え、認知特性や、認知処理様式が影響していることがあります。

注意欠如・多動症（ADHD）

注意欠如・多動症（ADHD）の生徒は、忘れ物や紛失物が多かったり、授業中に集中が持続できずに、違うことを考えたり、ほかの行動に移ってしまい、内容についていけなくなったりすることがあります。また、作業や実習等において、作業の手順がわからなくなったり、危険を回避するための指示を忘れてしまったりするなど、周囲に影響を与えてしまうことがあります。

自閉スペクトラム症（ASD）

　自閉スペクトラム症（ASD）の生徒は、学習面に問題がない場合でも周囲の雰囲気に馴染めなかったり、相手の気持ちを読み取れずに発言したりすることで、周囲とトラブルになることがあります。また、予定の変更が苦手な場合もあります。

　例えば、注意欠如・多動症（ADHD）の生徒に、学習障害（LD）の生徒と同様の困難さが生じていることもあるため、障害にのみ注目するのではなく、学びの困難さに注目する必要があります。

　このほか、発達障害のある生徒の中には、発達障害の特性により、本人が意図していなくても、周囲からの否定的な反応を引き出しやすく、注意や叱責を受けることで不安を高めてしまうことがあります。また、周囲から適切な対応が行われなかった場合、学習活動への意欲や自己評価および自尊感情を過剰に低下させてしまうことがあります。このような場合、日々の学校生活における個別的な配慮に加え、通級による指導を利用するなど、個別的な指導や支援を検討する必要があります。

**　障害のある生徒への指導や支援については、学習指導要領（平成 30 年告示）において、次のように示されています。**

高等学校学習指導要領（平成 30 年告示）解説　各教科編
第3章 各科目にわたる指導計画の作成と内容の取扱い　1 指導計画作成上の配慮事項

> 　通常の学級においても、発達障害を含む障害のある生徒が在籍している可能性があることを前提に、全ての教科等において、一人一人の教育的ニーズに応じたきめ細かな指導や支援ができるよう、障害種別の指導の工夫のみならず、各教科等の学びの過程において考えられる困難さに対する指導の工夫の意図、手立てを明確にすることが重要である。
>
> 　これを踏まえ、今回の改訂では、障害のある生徒などの指導に当たっては、個々の生徒によって、<u>見えにくさ、聞こえにくさ、道具の操作の困難さ、移動上の制約、健康面や安全面での制約、発音のしにくさ、心理的な不安定、人間関係形成の困難さ、読み書きや計算等の困難さ、注意の集中を持続することが苦手</u>であることなど、学習活動を行う場合に生じる困難さが異なることに留意し、個々の児童の困難さに応じた指導内容や指導方法を工夫することを、各教科等において示している。
>
> （下線は筆者が追記）

発達障害のある生徒への指導・支援のポイント

近年、高等学校においても特別な配慮を必要とする生徒が在籍しており、「集団における指導」として、「わかりやすい授業」としての授業のユニバーサル・デザイン等に取り組む学校や、「個別的な指導」として、通級による指導を導入する学校が増えています。

学級全体を対象とした授業のユニバーサル・デザインに関する取り組み

「わかりやすい授業」については、教室環境の整備や、「視覚化・焦点化・共有化」の視点からの授業実践、自分の学びを自分で舵がとれる学習者を育てるための、学習環境構築の枠組みなど、多くの取り組みがあります。例えば、教室環境の整備については、生徒が落ち着いて学習に取り組めるようにするために黒板の周辺や教室の掲示などの視覚的な刺激や、机や椅子にテニスボールを装着するなどの聴覚的な刺激、互いに刺激となる生徒の座席を配慮するなどの人的な刺激等の低減に向けた配慮が行われています。また、「視覚化・焦点化・共有化」の視点からの授業実践については、ICT を活用するなど視覚的な教材を積極的に活用したり、活動をシンプルに焦点化したり、周囲と考えを共有したりするなどの実践が行われています。さらに、すべての学習者が、学習に対する知識、技能、やる気を得ることを可能にするカリキュラムを設定するための枠組み（学びのユニバーサル・デザイン）に基づく実践もあります。

一人ひとりの生徒との対話

中央教育審議会答申（2021）で提言された「個別最適な学び」は、「指導の個別化」と「学習の個性化」に整理されており、児童生徒が自己調整しながら学習を進めていくことができるよう指導することの重要性が指摘されています。特に、「学習の個性化」について、生徒の興味・関心・キャリア形成の方向性等に応じ、「総合的な探究の時間」等において、課題の設定、情報の収集、整理・分析、まとめ・表現を行う等、教師が生徒一人ひとりに応じた学習活動や学習課題に取り組む機会を提供することで、生徒自身の学習が最適となるよう調整することの必要性が指摘されています。このようなことから、生徒の障害特性や認知特性、認知処理過程等を踏まえて、生徒の学びやすさに注目した指導・支援を行うことや、そのための生徒と教師の対話が必要になります。

自己理解を促す

また、発達障害のある生徒は、周囲から適切な対応が行われなかった場合、学習活動への意欲や自己評価および自尊感情を過剰に低下させてしまうことがあります。このため、生徒が将来に向けて自分の生き方を考えていくうえで、自身の特性の理解などの自己理解を促すことが必要で

す。ただし、生徒にとって困難さと向き合うことや、自らの困難さが障害に起因すると認めることは非常に難しいことがあります。障害特性の理解を促すことが、本人の自己理解の段階によっては苦しむ場合があることを、理解しておくことが重要です（文部科学省，2010）。

　高等学校で通級による指導を受けている生徒の場合、通級による指導で行われる自立活動の指導の一環として、生徒の自己理解の困難さへのアプローチを行うことも考えられます。これは、自立活動の内容に、「障害の特性の理解と生活環境の調整に関すること【区分：健康の保持】」（自己の障害にどのような特性があるのか理解し、それらが及ぼす学習上または生活上の困難についての理解を深め、その状況に応じて、自己の行動や感情を調整したり、他者に対して主体的に働きかけたりして、より学習や生活をしやすい環境にしていくこと）や、「自己の理解と行動の調整に関すること【区分：人間関係の形成】」（自分の得意なことや不得意なこと、自分の行動の特徴などを理解し、集団の中で状況に応じた行動ができるようになること）など自己理解に関わる項目が含まれるためです。【自立活動については、22頁で解説】

　なお、発達障害のある生徒の自己理解の指導・支援にあたっては、国立特別支援教育総合研究所　発達・情緒班（2021）が作成したリーフレットの内容が参考となります。これは、通級による指導の担当者が自己理解に関する指導・支援を行ううえで特に重視していると回答した内容から作成されたものです。自己理解に関する指導・支援について下図の五つのポイントが示されるとともに、生徒の「こうなりたい」という願いを出発点とし、成功体験による自信の獲得や自己肯定感の向上を軸として、困難さと向き合う指導・支援を進めていくことの重要性が述べられています。

図　自己理解の指導・支援に関するポイント

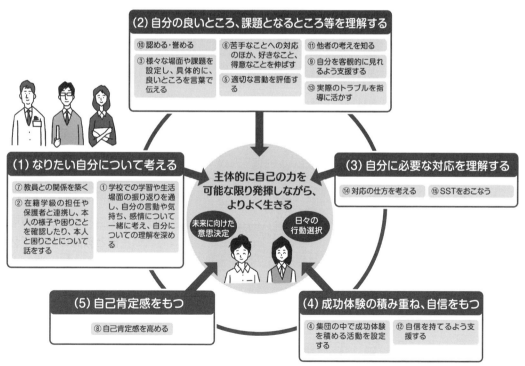

＊出典：「国立特別支援教育総合研究所（2021）発達障害のある子供の教育に関わる全ての教員の皆様へ もしかして、それ…二次的な障害を生んでいるかも…？」

教育制度・施策を知る

学習指導要領の基礎

現行の学習指導要領では、障害の有無や発達の段階にかかわらず、これからの社会における人の「学び」がどうあるべきなのかについて議論がなされ、「学び」の主体である生徒の側面から改訂が行われました。キャリア教育、進路指導を進めていくうえでの前提として知っておくことが大切です。

わが国が目指す社会

　これからの社会においては、人の多様性をどのようにいかし、集団として社会課題の解決を図っていけるか、学校教育でいかにその力を身につけられるかが重要となります。まさに「共生社会」を学校段階でどのように具現化するかが問われているといえます。「共生社会」とは、「これまで必ずしも十分に社会参加できるような環境になかった障害者等が、積極的に参加・貢献していくことができる社会」です。それは、「誰もが相互に人格と個性を尊重し支え合い、人々の多様な在り方を相互に認め合える全員参加型の社会」です（中央教育審議会，2012）。このような社会を目指すことは、わが国において最も積極的に取り組むべき重要な課題であるといえます。

　高等学校等にも、障害のある生徒のみならず、教育上特別な支援を必要とする生徒が在籍している可能性があることを前提に、すべての教職員が特別支援教育の目的や意義について十分に理解しておくことが不可欠です。【特別支援教育については、序「特別支援教育のポイント」（20頁）で解説】

着目したい学習指導要領の前文

　すべての高等学校においては、2022（令和4）年度より学習指導要領が年次進行で実施となりました。多くの読者がすでに学習指導要領やその解説、関連する書籍等に目を通されたことと思いますが、従前の学習指導要領にみられなかった特徴があったことにお気づきだったでしょうか。それは、このたびのすべての学習指導要領等に「前文」が付記されたことです。ここで、高等学校学習指導要領とはいわず「学習指導要領等」と記したのは、この「前文」が付記されたのは、幼稚園教育要領や小学校学習指導要領、中学校学習指導要領、特別支援学校幼稚部教育要領、特別支援学校小学部・中学部学習指導要領、特別支援学校高等部学習指導要領すべてに「前文」が付記されたからです。すべての「前文」には基本的に以下のような同様の内容が示されています。

> 一人一人の生徒が、自分のよさや可能性を認識するとともに、あらゆる他者を価値のある存在として尊重し、多様な人々と協働しながら様々な社会的変化を乗り越え、豊かな人生を切り拓き、持続可能な社会の創り手となることができるようにすることが求められる。

> これからの時代に求められる教育を実現していくためには、よりよい学校教育を通してよりよい社会を創るという理念を学校と社会とが共有し、それぞれの学校において、必要な学習内容をどのように学び、どのような資質・能力を身に付けられるようにするのかを教育課程において明確にしながら、社会との連携及び協働によりその実現を図っていくという、社会に開かれた教育課程の実現が重要となる。

＊出典：文部科学省（2018）高等学校学習指導要領（平成30年告示）.

　この背景には、今後わが国が対峙していかなくてはならない社会の変化を乗り越えるためには、一人ひとりの能力を最大限に発揮することができるよう、社会の連携・協働が不可欠である、という国の強い意志が感じられます。学習指導要領の改訂にかかる背景は、「巻末資料2」（131頁）を参照してください。

学習指導要領のポイント

学習指導要領等の改訂のポイントについては、図 「学習指導要領改訂の方向性」の内容が挙げられます。ここでは、「新しい時代に必要となる資質・能力」とこうした資質・能力を育むための「学習過程」に着目し、解説します。

新しい時代に必要となる資質・能力

　従前の学習指導要領では、「生きる力」の育成が重要視されてきました。このたびの学習指導要領においては、「生きる力」を育むために、学校教育全体や各教科・科目等の指導を通してどのような資質・能力を目指すのかを明確にすることを重視し、子ども自身にとって「何ができるようになるか」という側面で、新しい時代に必要となる「資質・能力」が、「学びを人生や社会に生かそうとする学びに向かう力・人間性の涵養」「生きて働く知識・技能の習得」「未知の状況にも対応できる思考力・判断力・表現力等の育成」の三つの柱で整理されました（**図「学習指導要領改訂の方向性」参照**）。

　この三つの柱で示された資質・能力は、わが国のこれからの社会を形成するためには、とても大切な視点です。この視点は、キャリア教育・進路指導においても重要となります。

　わが国の学校教育においては、生徒が同じ空間で時間を共にすることで、お互いの感性や考え方などに触れ、刺激し合うことの重要性が大切にされてきましたが（文部科学省初等中等教育局教育課程課，2021）、このたびの学習指導要領の改訂においてもより重視され、「主体的・対話的で深い学び」として示されました。こうした学習過程は、キャリア教育・進路指導に関わる資質・能力を育むうえでも重要です。

図　学習指導要領改訂の方向性

＊出典：文部科学省（2016）幼稚園、小学校、中学校、高等学校及び特別支援学校の学習指導要領等の改善及び必要な方策等について（答申）補足資料

TOPIC　トピック

化石の古さをどのように調べますか

　著者は、発達障害を含む多様な生徒が、同じクラスの生徒と、教室という同じ空間と教科・科目という時間を共有しながら学びを進めることは、とても意義深いと考えています。その理由は、このたびの学習指導要領の改訂に向けた議論を、著者自身の教職経験に当てはめた時に、発達障害のある生徒や、その他の多様な生徒が同じ学びの空間や時間で共に学ぶことは、「知識・技能」傾倒型の学習（教授型の学習）では決して味わうことのできない「深い学び」へと転換するきっかけとなることを実感しているからです。さらに言えば、著者自身、教育委員会に所属し、これまで多くの小中学校や高等学校を訪問する機会に恵まれ、それぞれの学校での学習の様子を参観しながら、改めて確認する機会を得たからです。

　以下に、このことを顕著に表すトピックを示しました。高校教育でのトピックではありませんが、発達障害のある生徒を含む多様な生徒を包摂した「主体的・対話で深い学び」を進展させるための学習活動の在り方を考えるうえでヒントをくれるトピックであると捉えています。

小学校第6学年の理科では、地層の成り立ちに関わる学習内容に「土地のつくりと変化」があります。その学習では、「地層は、流れる水の働きや火山の噴火によってできること」に対する理解を促すことになっており、教科書にも、図解入りでわかりやすく解説されています。実際には、撓曲（とうきょく）と言って断層の延長線上の一部に変形が生じ地層の上下が逆転する現象も起こり得るので、このことは一概には言えません。ただし、小学生段階であれば、地層は原則上部にあるものほど新しくなることの理解で十分なのですが、このようなことがありました。

　ある教員が児童に対して「化石の古さをどのように調べますか」と発問したところ、多くの児童が「上にある地層の化石が新しい」と答えたのですが、ある児童一人だけが「それは絶対ではない」「化石自体を調べる必要がある」と、がんとして言い張って聞きません。普段からこうした発言の多かったこの児童に困り果てていた教員は、「教科書の○ページに書いてあるから、君の答えは間違っている」と断定的な言葉を発しました。すると、この児童は続けて、「放射性同位元素年代測定法」について持論を展開し、この発問そのものが妥当ではないことをヒステリックに論じ始めましたが、教師は取り合わずに学習を次に進めてしまいました。

　教師にとって、発達障害のある生徒の特性による授業中の発言や行動によっては、指導案どおりの授業展開が妨げられることもあります。しかし、教師自身が一歩立ち止まり、その生徒の発言や行動が、どうして出てきたのか、どのような経緯で出てきたのかなどについて考えることで、次の発問の質を深め、より教室全体の思考を深めたり、他の生徒に対する深い思考を促すきっかけとなったりするのではないかと思います。

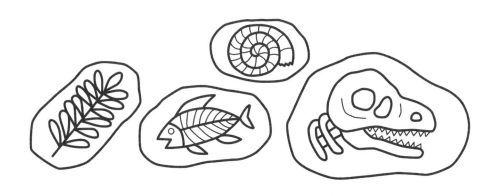

特別支援教育のポイント

> 本項では、障害のある生徒への指導・支援にあたり知っておきたい、特別支援教育の定義や基本的な施策等について解説します。障害のある生徒へのキャリア教育、進路指導を進めていくうえでの前提として理解しておくことが大切です。

特別支援教育とは

> 特別支援教育とは、障害のある幼児児童生徒の自立や社会参加に向けた主体的な取り組みを支援するという視点に立ち、一人ひとりの教育的ニーズを把握し、そのもてる力を高め、学習上または生活上の困難を改善または克服するため、適切な指導および必要な支援を行うものです。

特殊教育から特別支援教育へ

障害のある幼児児童生徒に対する教育である「特別支援教育」は、2007（平成19）年に制度化されました。本書の発行時点で既に17年が経過したことになります。それまでは、障害のある幼児児童生徒に対する教育は「特殊教育」として行われてきましたが、**表「特殊教育と特別支援教育」**のとおり、「特別支援教育」へと発展的に移行されました。

表 特殊教育と特別支援教育

特殊教育	盲学校・聾学校・養護学校、小中学校における特殊学級や通級による指導といった特別な場で行う。
特別支援教育	特別な支援を必要とする幼児児童生徒が在籍する全ての学校*で行う。特殊教育の対象となっていた障害に加え、知的の遅れのない発達障害も対象とする。

＊特別支援学校、小中学校における特別支援学級や通級による指導、通常の学級。高等学校における通級による指導、通常の学級（ただし、高等学校における通級による指導は2018〔平成30〕年に制度化）。

制度化にあたって、各都道府県教育委員会や各指定都市教育委員会、各都道府県知事、附属学校を置く各国立大学法人学長に向けて、文部科学省（2007）から「特別支援教育の推進について」が通知されました。本通知では、特別支援教育の理念として、「特別支援教育は、障害のある幼児児童生徒への教育にとどまらず、障害の有無やその他の個々の違いを認識しつつさまざまな人々が生き生きと活躍できる共生社会の形成の基礎となるものであり、わが国の現在および将来の社会にとって重要な意味を持っている」ことが示されており、前項で述べたこのたびの学習指導要領のポイントにも関連する内容となっています。

特別支援教育の進展

特別支援教育の進展は、義務教育段階における特別支援教育の対象となる児童生徒の数にも顕著に表れており、経年でみていくと、児童生徒の全体数が年々減少していくのに対して特別支

教育の対象となる児童生徒の数は増加していることがわかります（**図「特別支援教育の対象の増加状況」参照**）。

　高等学校においても、2018（平成30）年度から通級による指導が制度化されたことについてはご存知の方も多いことでしょう。また、忘れてはならないのが高等学校においても通常の学級には、発達障害を含む特別な配慮が必要な生徒が相当数在籍しているということです。このたびの学習指導要領においても「障害のある生徒などへの指導」の配慮事項として、学習活動を行う場合に生じる困難さに応じた指導内容や指導方法の工夫を計画的、組織的に行うこととされました。また、より学校現場において具体的な配慮事項がイメージしやすいように、各教科の解説において、「○○に困難さがある場合は…」などと、生徒の実態に応じた配慮事項の具体例が示されました（**表「『障害のある生徒などへの指導』の配慮例」参照**）。

図 特別支援教育の対象の増加状況

＊出典：文部科学省（2023）：特別支援教育の充実について

表「障害のある生徒などへの指導」の配慮例

教科	配慮の記述
国語編	・自分の立場以外の視点で考えたり他者の感情を理解したりするのが困難な場合には、生徒が身近に感じられる文章（例えば、同年代の主人公の物語など）を取り上げ、文章に表れている心情やその変化等が分かるよう、行動の描写や会話文に含まれている気持ちがよく伝わってくる語句等に気付かせたり、心情の移り変わりが分かる文章の中のキーワードを示したり、心情の変化を図や矢印などで視覚的に分かるように示してから言葉で表現させたりするなどの配慮をする。
数学編 理数編	・文章を読み取り、数量の関係を文字式を用いて表すことが難しい場合、生徒が数量の関係をイメージできるように、生徒の経験に基づいた場面や興味のある題材を取り上げ、解決に必要な情報に注目できるよう印を付けさせたり、場面を図式化したりすることなどの工夫を行う。

＊文部科学省（2018a）「高等学校学習指導要領（平成30年告示）解説　国語編」、
　文部科学省（2018b）「高等学校学習指導要領（平成30年告示）解説　数学編 理数編」より作成

自立活動

自立活動は、個々の幼児児童生徒が自立を目指し、障害による学習上または生活上の困難を主体的に改善・克服しようとする取り組みを促す教育活動です。高等学校における通級による指導においても、参考にして行うことになっています。

学習上、生活上の困難を改善・克服するために

障害のある幼児児童生徒が学校教育において学習を進める場合においては、その障害により、日常生活や学習場面においてさまざまなつまずきや困難が生じることになり、障害のない幼児児童生徒と同じように心身の発達の段階等を考慮して教育をするだけでは十分ではない場合があります。特別支援学校においては、こうした個々の障害による学習上または生活上の困難を改善・克服するための指導の領域「自立活動」を設定し、指導することによって、人間としての調和のとれた育成を目指しています。

自立活動の内容は6区分27項目（**表「自立活動の内容（6区分27項目）」**参照）から構成されていますが、各教科等のようにそのすべてを取り扱うものではなく、個々の幼児児童生徒の実態に応じて必要な項目を選定して取り扱うものとなっています（文部科学省，2018c）。

このたびの学習指導要領の改訂で、特別支援学級において自立活動を取り入れること、通級による指導においては自立活動の内容を参考とすることが示されました。高等学校における通級による指導においても、自立活動の内容を参考とし、具体的な目標を定め、指導を行うものとすること、またその際には、通級による指導が効果的に行われるよう、各教科・科目等と通級による指導との関連を図ることが明記されています。すなわち、通級による指導を担当する教師と、通常の学級で各教科等を担当する教師の連携・協働が重要となります。

表 自立活動の内容（6区分27項目）

区分	項目
健康の保持	（1）生活のリズムや生活習慣の形成に関すること。 （2）病気の状態の理解と生活管理に関すること。 （3）身体各部の状態の理解と養護に関すること。 （4）障害の特性の理解と生活環境の調整に関すること。 （5）健康状態の維持・改善に関すること。
心理的な安定	（1）情緒の安定に関すること。 （2）状況の理解と変化への対応に関すること。 （3）障害による学習上又は生活上の困難を改善・克服する意欲に関すること。
人間関係の形成	（1）他者とのかかわりの基礎に関すること。 （2）他者の意図や感情の理解に関すること。 （3）自己の理解と行動の調整に関すること。 （4）集団への参加の基礎に関すること。

環境の把握	（1）保有する感覚の活用に関すること。 （2）感覚や認知の特性についての理解と対応に関すること。 （3）感覚の補助及び代行手段の活用に関すること。 （4）感覚を総合的に活用した周囲の状況についての把握と状況に応じた行動に関すること。 （5）認知や行動の手掛かりとなる概念の形成に関すること。
身体の動き	（1）姿勢と運動・動作の基本的技能に関すること。 （2）姿勢保持と運動・動作の補助的手段の活用に関すること。 （3）日常生活に必要な基本的動作に関すること。 （4）身体の移動能力に関すること。 （5）作業に必要な動作と円滑な遂行に関すること。
コミュニケーション	（1）コミュニケーションの基礎的能力に関すること。 （2）言語の受容と表出に関すること。 （3）言語の形成と活用に関すること。 （4）コミュニケーション手段の選択と活用に関すること。 （5）状況に応じたコミュニケーションに関すること。

＊文部科学省（2018c）「特別支援学校教育要領・学習指導要領解説自立活動編（幼稚部・小学部・中学部）」より作成

個別の教育支援計画

障害のある生徒については、学校生活だけでなく家庭生活や地域での生活も含め、長期的な視点に立って幼児期から学校卒業後までの一貫した支援を行うことが重要です。このために作成される計画が「個別の教育支援計画」です。

高等学校での取り扱い

高等学校では、通級による指導を受ける生徒の場合、「個別の教育支援計画」を作成し活用することとなっています。これ以外の障害のある生徒についても、作成し活用することに努めることとなっています。

障害のある生徒などについては、いわゆる「怠学」の状況にある生徒や生徒指導上の課題がある生徒のような状態像を示す場合がありますが、当該生徒の障害や発達の特性は生来のものであることから、高等学校に入学する前から（義務教育段階やそれ以前から）、学習活動または生活において何らかの困難さが生じている場合があります。

高等学校において、障害のある生徒への特別な配慮や対応を考えるにあたっては、中学校段階等での学習活動や生活場面でどのような困難さがみられたか、こうした困難さに対してどのような取り組みを行い、評価・改善してきたのかなどの情報を得ることによって、高等学校においても効果的な対応を円滑に行うことができます。

「縦の連携」「横の連携」

とりわけ、社会に出ていくことが間近に迫っている高等学校段階においては、時間のロスを少しでも少なくするという意味においても関係機関との連携が有効です。また、高等学校で効果的

だった配慮事項などを進学先や就職先にもいかしてもらうことが必要となります。こうした配慮事項を時間軸でつなぐための機関連携を「縦の連携」ということがあります。

　生徒に障害がある場合は、教育機関以外にも、医療機関や福祉機関等を利用している場合があります。障害のある生徒にとっては、学校はもとより他機関で指導・支援された内容を互いの機関が踏まえることによって、より効果的な対応を行うことができます。こうした同じ時期に違う機関同士の連携を図ることを「横の連携」ということがあります。

　「個別の教育支援計画」は、こうした「縦」や「横」の連携で活用できるツールであり、本人および保護者の同意を得て、適切に引き継いでいくことが求められています。

「個別の教育支援計画」の様式

　文部科学省が示している参考様式（一部）を図「個別の教育支援計画の参考様式（支援シート）」として示しました。「個別の教育支援計画」の大きな特徴としては、「本人の願い（保護者の願い）」が示されていることです。とりわけ高校学校段階においては、本人の願いを受け止めつつ、有している学習上または生活上の困難さ、および社会に出た時に、自分なりにそうした困難さと共にどのように生きていくのかなどについて理解を促していくことも大切になります。「本人の願い」については、後述する「キャリア・パスポート」とも関連してきます。【キャリア・パスポートについては、パート１（35頁）で解説】

図 個別の教育支援計画の参考様式（支援シート）

＊出典：文部科学省（2021）個別の教育支援計画の参考様式について

個別の指導計画

個々の生徒の実態に応じた適切な指導に向けて、**教育課程を具体化し、障害のある生徒など一人ひとりの指導目標、指導内容および指導方法を明確にして、きめ細やかに指導するために作成する計画が「個別の指導計画」です。**

高等学校での取り扱い

　高等学校では、通級による指導を受ける生徒の場合、個別の指導計画を作成し活用することとなっています。これ以外の障害のある生徒についても、作成し活用することに努めることとなっています。

　特に通級による指導を受ける生徒については、生徒の障害による学習上または生活上の困難を改善・克服するため、自立活動を参考にしながら、具体的な指導目標や指導内容等を定めた個別の指導計画を作成しておくことで、事後の評価がよりしやすくなり、指導の改善が期待できます。

　個別の指導計画に特に決まった様式等はありませんが、それぞれの学校の設置者である教育委員会が例示した様式がある場合や、特別支援学校で使用している様式が参考になる場合もありますので、設置者である教育委員会等に問い合わせてみましょう。

合理的配慮の申請に向けて

　なお、入学者選抜においては、例えば、発達障害のある生徒に「別室受験」が認められるなど、受験者からの申し出があれば、学校段階における配慮事項の一部が入学者選抜においても認められる場合があります。入学者選抜で配慮申請を検討しているのであれば、個別の教育支援計画および個別の指導計画に基づき、配慮の妥当性とこれまでの実践について論理的に整理し設置者と協議することが大切です。

　高校生という発達段階から、自己の障害認識や理解が進んでいない場合、教員や保護者など周囲の大人がいくら助言を行っても、生徒自身が特別な配慮を受けることを拒否してしまうことがあります。小学校や中学校段階からの継続的かつ段階的な関わりが必要となります。

「序」引用・参考文献

国立特別支援教育総合研究所　発達・情緒班（2021）発達障害のある子供の教育に関わる全ての教員の皆様へ　もし
　かして、それ・・・二次的な障害を生んでいるかも・・・？
　https://www.nise.go.jp/nc/news/2021/0406_2　（2023年6月8日閲覧）
中央教育審議会（2012）共生社会の形成に向けた インクルーシブ教育システム構築のための 特別支援教育の推進（報告）.
中央教育審議会（2021）「令和の日本型学校教育」の構築を目指して〜全ての子供たちの可能性を引き出す，個別最
　適な学びと，協働的な学びの実現〜（答申）.
文部科学省（2007）：特別支援教育の推進について.
文部科学省（2010）：生徒指導提要　第3節 青年期の心理と発達　2 発達障害と思春期　(3) 自己理解の難しさ
　https://www.mext.go.jp/a_menu/shotou/seitoshidou/1404008.htm　（2023年6月8日閲覧）
文部科学省（2018a）：高等学校学習指導要領（平成30年告示）解説　国語編.
文部科学省（2018b）：高等学校学習指導要領（平成30年告示）解説　数学編 理数編.
文部科学省（2018c）：特別支援学校教育要領・学習指導要領解説　自立活動編（幼稚部・小学部・中学部）.
文部科学省（2021a）：障害のある子供の教育支援の手引〜子供たち一人一人の教育的ニーズを踏まえた学びの充実に
　向けて〜.
文部科学省（2021b）：個別の教育支援計画の参考様式について.
文部科学省初等中等教育局教育課程課（2021）学習指導要領の趣旨の実現に向けた個別最適な学びと協働的な学びの
　一体的な充実に関する参考資料.

パート **1**

押さえておきたい
指導・支援のポイント

本書「就労支援編」は、学校卒業後の就労とそのために必要な支援についてできるだけわかりやすくイメージできるような編集を心がけました。

パート1「押さえておきたい指導・支援のポイント」では、発達障害のある生徒に対し、キャリア教育・進路指導を行ううえで、まずは押さえておきたい基本として、キャリア教育の基礎知識、発達障害のある生徒の就労に向けた困りごと、指導・支援のポイントについてまとめています。

また、指導・支援にあたり悩みやすい事柄をQ＆Aの形でまとめました。

発達障害のある生徒の就労支援のポイントを知りたい人はまず、このパート1をお読みください。

就労を見据えた高等学校段階での指導・支援

1 キャリア教育のポイントを教えてください

キャリア教育のポイント

現行の学習指導要領 では、「よりよい学校教育を通じてよりよい社会を創る」という目標に向けて、学校では「生徒の発達を支える視点」に立つことの重要性が示されました。その一つとして「キャリア教育の充実」が掲げられています。就労に向けた力を育むうえでもキャリア教育は重要です。ここでは、高等学校におけるキャリア教育の実践にあたり必要となる基礎知識について解説します。

キャリア教育とは

生徒に将来、社会や職業で必要となる資質・能力を育むためには、学校で学ぶことと社会との接続を意識し、「一人一人の社会的・職業的自立に向けて必要な基盤となる資質・能力を育み、キャリア発達を促す」キャリア教育の視点が重要です。

キャリア教育に関わる用語の定義・説明

キャリア教育という用語が公文書で登場したのは、1999（平成11）年の中央教育審議会答申「初等中等教育と高等教育との接続の改善について」です。その後、キャリア教育についてさまざまな議論が重ねられ、2011（平成23）年の中央教育審議会答申「今後の学校におけるキャ

表 キャリア教育に関わる用語の定義・説明

キャリア教育	「一人一人の社会的・職業的自立に向け、必要な基盤となる能力や態度を育てることを通して、キャリア発達を促す教育」（中央教育審議会,2011） <社会的・職業的自立に向け、必要な基盤となる能力や態度> 「人間関係形成・社会形成能力」「自己理解・自己管理能力」「課題対応能力」「キャリアプランニング能力」から構成される、「基礎的・汎用的能力」を指す <キャリア発達> 社会の中で自分の役割を果たしながら、自分らしい生き方を実現していく過程 <キャリア> 人が、生涯の中でさまざまな役割を果たす過程で、自らの役割の価値や自分と役割との関係を見いだしていく連なりや積み重ね
職業教育	「一定又は特定の職業に従事するために必要な知識、技能、能力や態度を育てる教育」（中央教育審議会,2011）
進路指導	「生徒が自らの生き方を考え、将来に対する目的意識を持ち、自らの意志と責任で進路を選択決定する能力・態度を身に付けることができるよう、指導・援助すること」（文部科学省,2004）

図　キャリア教育と進路指導の関係

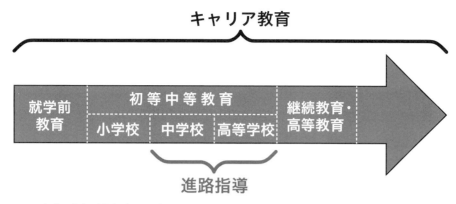

*出典：文部科学省（2011）高等学校キャリア教育の手引き.

リア教育・職業教育の在り方について」において、現在のキャリア教育・職業教育の定義が示されました（表「**キャリア教育に関わる用語の定義・説明**」参照）。

　キャリア教育と職業教育の違いに着目すると、前者が「一人一人の社会的・職業的自立に向けて必要な基盤となる資質・能力」、すなわち「基礎的・汎用的能力」を中心に育成するのに対し、後者は「一定又は特定の職業に従事するために必要な能力」を育成することが挙げられます。キャリア教育は、社会の中で生きていくために必要な学びも含めて提供するものであるといえます。ただし、キャリア教育は学校教育全体を通じて行うものであり、職業教育を通じてキャリア教育に関わる学びを得ることももちろん考えられます。

　他方、進路指導とキャリア教育の概念は重なり合うものであり、キャリア教育の中に進路指導が包含されています（図「**キャリア教育と進路指導の関係**」参照）。生徒の進路選択を支えるうえでは、キャリア発達を支援し、社会の中で役割を果たしながら、自分らしい生き方を実現していく過程を支えていくことが重要です。

学習指導要領等におけるキャリア教育の位置づけ

　高等学校学習指導要領（平成30年告示）では、キャリア教育について、次のように述べられています。

第1章　総則
第5款　1生徒の発達を支える指導の充実
（3）生徒が、学ぶことと自己の将来とのつながりを見通しながら、社会的・職業的自立に向けて必要な基盤となる資質・能力を身に付けていくことができるよう、特別活動を要としつつ各教科・科目等の特質に応じて、キャリア教育の充実を図ること。その中で、生徒が自己の在り方生き方を考え主体的に進路を選択することができるよう、学校の教育活動全体を通じ、組織的かつ計画的な進路指導を行うこと。

　生徒が、自分の将来を見据えつつ、今自分に必要な学びを積み重ねていくことができるよう支援すること、また、自分がなりたい姿、自分にとってより良い生き方について考え、自分の意思

で卒業後の進路に進んでいくことができるよう支援していくことが大切です。また、そうした学びの支援は、特別活動を要としつつも、学校教育全体で行っていくことが大切です。

キャリア教育で育む資質・能力

> キャリア教育で育む資質・能力としては、「社会的・職業的自立に向け、必要な基盤となる能力や態度」である「基礎的・汎用的能力」が挙げられます。

「基礎的・汎用的能力」とは

「基礎的・汎用的能力」は、前述の2011（平成23）年の中央教育審議会答申において、「分野や職種にかかわらず、社会的・職業的自立に向けて必要な基盤となる能力」として示されたものです。具体的には、「仕事に就くこと」に焦点を当て、実際の行動として表れるという観点から、「人間関係形成・社会形成能力」「自己理解・自己管理能力」「課題対応能力」「キャリアプランニング能力」の四つの能力に整理されました（表「基礎的・汎用的能力」参照）。

社会人・職業人に必要とされる基礎的な能力と、学校教育で育成することができる能力との接点を確認し、キャリア教育を通じてこれらの能力を育んでいく視点をもつことは、学校教育と社

表 基礎的・汎用的能力

人間関係形成・社会形成能力	自己理解・自己管理能力	課題対応能力	キャリアプランニング能力
多様な他者の考えや立場を理解し、相手の意見を聴いて自分の考えを正確に伝えることができるとともに、自分の置かれている状況を受け止め、役割を果たしつつ他者と協力・協働して社会に参画し、今後の社会を積極的に形成することができる力	自分が「できること」「意義を感じること」「したいこと」について、社会との相互関係を保ちつつ、今後の自分自身の可能性を含めた肯定的な理解に基づき主体的に行動すると同時に、自らの思考や感情を律し、かつ、今後の成長のために進んで学ぼうとする力	仕事をする上での様々な課題を発見・分析し、適切な計画を立ててその課題を処理し、解決することができる力	「働くこと」の意義を理解し、自らが果たすべき様々な立場や役割との関連を踏まえて「働くこと」を位置付け、多様な生き方に関する様々な情報を適切に取捨選択・活用しながら、自ら主体的に判断してキャリアを形成していく力
(具体的な要素例) 他者の個性を理解する力、他者に働きかける力、コミュニケーション・スキル、チームワーク、リーダーシップなど	(具体的な要素例) 自己の役割の理解、前向きに考える力、自己の動機付けや忍耐力、ストレスマネジメント、主体的な行動力など	(具体的な要素例) 情報の理解・選択・処理、本質の理解、原因の追求、課題発見、計画立案、実行力、評価・改善など	(具体的な要素例) 学ぶこと・働くことの意義や役割の理解、多様性の理解、将来設計、選択、行動と改善など

※各能力は、包括的な能力概念であり、必要な要素をできる限りわかりやすく提示するという観点でまとめられたもの。
※各能力は、それぞれが独立したものではなく、相互に関連・依存した関係にある。特に順序があるものではなく、また、これらの能力をすべての者が同じ程度あるいは均一に身につけることを求めるものではない。
＊中央教育審議会（2011）「今後の学校におけるキャリア教育・職業教育の在り方について（答申）」を参考として作成。

会・職業との接続を考えるうえで重要なことです。また、こうした能力は、生徒が今後の「予測が困難な社会」を生き抜いていくうえでも重要と考えます。

　ただし、「基礎的・汎用的能力」をどのようなまとまりで、どの程度身につけさせるかは、学校や学科の特色、地域、生徒の実態等によっても異なる点に留意が必要です。例えば、学校の視点としては、高等学校段階での発達課題（**表「高等学校段階におけるキャリア発達」**参照）のほか、学校の教育目標が、学科の視点としては、普通科・総合学科・専門学科の別が、また、生徒の実態の視点には、生徒自身の発達段階等が挙げられるでしょう。

　各学校では、「基礎的・汎用的能力」を参考としながら、どのような能力を、どの程度育んでいくか、具体的に検討していくことが必要です。この際、「基礎的・汎用的能力」の内容を咀嚼し、吟味のうえ、特色ある形で表現することも考えられます（**表「 自治体における特色ある資質・能力の例」**参照）。これにより、教師にとっても、生徒にとってもわかりやすい工夫となり、キャ

表　高等学校段階におけるキャリア発達

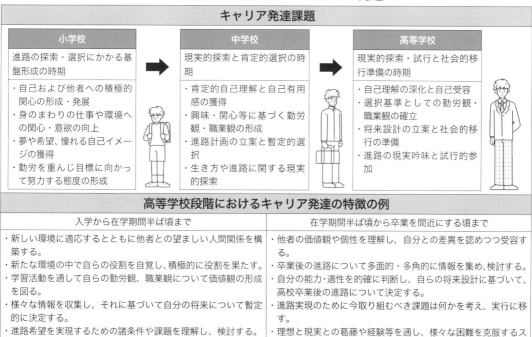

キャリア発達課題		
小学校	**中学校**	**高等学校**
進路の探索・選択にかかる基盤形成の時期	現実的探索と肯定的選択の時期	現実的探索・試行と社会的移行準備の時期
・自己および他者への積極的関心の形成・発展 ・身のまわりの仕事や環境への関心・意欲の向上 ・夢や希望、憧れる自己イメージの獲得 ・勤労を重んじ目標に向かって努力する態度の形成	・肯定的自己理解と自己有用感の獲得 ・興味・関心等に基づく勤労観・職業観の形成 ・進路計画の立案と暫定的選択 ・生き方や進路に関する現実的探索	・自己理解の深化と自己受容 ・選択基準としての勤労観・職業観の確立 ・将来設計の立案と社会的移行の準備 ・進路の現実吟味と試行的参加

高等学校段階におけるキャリア発達の特徴の例	
入学から在学期間半ば頃まで	在学期間半ば頃から卒業を間近にする頃まで
・新しい環境に適応するとともに他者との望ましい人間関係を構築する。 ・新たな環境の中で自らの役割を自覚し、積極的に役割を果たす。 ・学習活動を通して自らの勤労観、職業観について価値観の形成を図る。 ・様々な情報を収集し、それに基づいて自分の将来について暫定的に決定する。 ・進路希望を実現するための諸条件や課題を理解し、検討する。 ・将来設計を立案し、今取り組むべき学習や活動を理解し実行に移す。	・他者の価値観や個性を理解し、自分との差異を認めつつ受容する。 ・卒業後の進路について多面的・多角的に情報を集め、検討する。 ・自分の能力・適性を的確に判断し、自らの将来設計に基づいて、高校卒業後の進路について決定する。 ・進路実現のために今取り組むべき課題は何かを考え、実行に移す。 ・理想と現実との葛藤や経験等を通し、様々な困難を克服するスキルを身に付ける。

＊文部科学省（2023）「高等学校キャリア教育の手引き」を参考として作成。

表　自治体における特色ある資質・能力の例

例①		例②	
資質・能力	「基礎的・汎用的能力」との対応	資質・能力	「基礎的・汎用的能力」との対応
かかわる力	人間関係形成・社会形成能力	つながる力	人間関係形成・社会形成能力／キャリアプランニング能力
みつめる力	自己理解・自己管理能力	自己を見つめる力	自己理解・自己管理能力
やりきる力	課題対応能力	動く／生かす力	課題対応能力
かなえる力	キャリアプランニング能力	創り出す力	キャリアプランニング能力／課題対応能力

＊例①は高知県須崎市教育研究所の資料（https://www.kochinet.ed.jp/susaki-l/new1022.html）より作成。
　例②は青森県教育委員会の資料（https://www.pref.aomori.lg.jp/soshiki/kyoiku/e-gakyo/kyaria_pasupoto.html）より作成。

リア教育を通じ、高等学校段階で身につけたい能力は何か、より具体的に考えていく動機づけとなることが期待されます。

資質・能力の三つの柱と「基礎的・汎用的能力」

各学校で、「基礎的・汎用的能力」を育んでいくことの必要性はわかっても、学校の教育課程を通じ、どのように育んでいけば良いかイメージしにくい場合があるかもしれません。こうした際に参考となる視点が表「『基礎的・汎用的能力』と資質・能力の三つの柱」です。これは、基礎的・汎用的能力の四つの能力を総合的に捉え、現行の学習指導要領において示された、新しい時代に必要となる資質・能力の三つの柱に沿って整理したものとなります。

「知識・技能」「思考力・判断力・表現力」「学びに向かう力・人間性」の視点から、各授業を通じてこうした資質・能力を育むことができているか確認できると良いでしょう。

表　「基礎的・汎用的能力」と資質・能力の三つの柱

知識・技能	思考力・判断力・表現力	学びに向かう力・人間性
生きて働く知識・技能の習得	未知の状況にも対応できる 思考力・判断力・表現力等の育成	学びを人生や社会に生かそうとする 学びに向かう力・人間性の涵養
・学ぶこと・働くことの意義の理解 【キャリアプランニング能力】 ・問題を発見・解決したり、多様な人々と考えを伝え合って合意形成を図ったり、自己の考えを深めて表現したりするための方法に関する理解と、そのために必要な技能 【課題対応能力／人間関係形成・社会形成能力】 ・自分自身の個性や適性等に関する理解と、自らの思考や感情を律するために必要な技能 【自己理解・自己管理能力】	・問題を発見・解決したり、多様な人々と考えを伝え合って合意形成を図ったり、自己の考えを深めて表現したりすることができる力 【課題対応能力／人間関係形成・社会形成能力】 ・自分が「できること」「意義を感じること」「したいこと」をもとに、自分と社会との関係を考え、主体的にキャリアを形成していくことができる力 【自己理解・自己管理能力／キャリアプランニング能力】	・キャリア形成の方向性と関連づけながら今後の成長のために学びに向かう力 【キャリアプランニング能力／自己理解・自己管理能力】 ・問題を発見し、それを解決しようとする態度 【課題対応能力】 ・自らの役割を果たしつつ、多様な人々と協働しながら、よりよい人生や社会を構築していこうとする態度 【キャリアプランニング能力／人間関係形成・社会形成能力】

＊中央教育審議会(2016)「幼稚園、小学校、中学校、等学校及び特別支援学校の学習指導要領等の改善及び必要な方策等について(答申)」別紙を参考として作成。なお、【 】内の記述部は著者による (著者が検討のうえ、例示)。

発達障害のある生徒への配慮

「基礎的・汎用的能力」を育むうえで、以下のような配慮を行うことが考えられます。

段階的かつ丁寧な指導・支援の重要性

障害特性により、学び残しが生じ、求められる発達段階に応じた学びが難しい場合、生徒の実態に応じて、段階的かつ丁寧に指導・支援を進めていくことが必要です。例えば、「肯定的自己理解と自己有用感の獲得」は中学校段階の発達課題とされていますが（**表　「基礎的・汎用的能力」と資質・能力の三つの柱**）、失敗経験の積み重ねから自分に自信をなくしてしまっているケー

スも少なくありません。こうした場合には、自己理解の深化・自己受容のためにも、まずは肯定的自己理解と自己有用感を獲得できるよう、成功体験を通じた学びが重要となります。

わかりやすい学びの重要性

　障害特性により、キャリア発達に重要となる学びに自ら注意を向けたり、得た知識を体系化したりすることが難しい場合、わかりやすく、心に残る学びの機会を提供することが重要となります。例えば、「ロールプレイ（現実場面を想定した疑似場面を設け、その中で役割を演じることで、課題を明確にしたり、適切な振舞いを身につけたりする学習方法）でコミュニケーションのポイントを体験的に学ぶ」「教師や仲間との対話を通じ、自分の価値観、考え方や行動の特徴に気付く」「イベントを計画し、課題解決しながらよりよく取り組む」「職場見学し仕事についてイメージを深めたり、職業人を招いて話を聞き、学ぶこと・働くことの意義について理解を深めたりする／そのうえで、自分が仕事や生活に望むことを考えたり、自分の力を発揮できる仕事内容や無理のない働き方について考える」など、学び方の工夫ができると良いでしょう。

「自己理解・自己管理能力」に関する指導・支援の留意点

　前述の 2011（平成 23）年の中央教育審議会答申では、障害のある生徒のキャリア教育・職業教育について、次のように示されています。「自己理解・自己管理能力」の指導・支援にあたっては、障害特性から生じる困りごとへの対応も含め取り扱っていくことが望まれます。【自己理解の指導・支援については、序「発達障害のある生徒への指導・支援のポイント」（14 頁）で解説】

<後期中等教育におけるキャリア教育・職業教育の基本的な考え方>
・発達障害を含め障害のある生徒については、自己の抱える学習や社会生活上の困難について総合的に適切な理解を深め、職業適性や困難さを乗り越えるための対処方法を身に付け、自立と社会参加に向けて持てる力を伸ばすことができるよう、個々の障害の状態に応じたきめ細かい指導・支援の下で、適切なキャリア教育・職業教育の推進を図ることが重要である。

生徒指導との連動

　高等学校には、特別な配慮が必要な生徒として、発達障害等の障害のある生徒のほかにも、例えば、いじめや暴力行為等の問題行動のある生徒、また、不登校から中途退学する生徒等の存在が挙げられます。文部科学省が 2022（令和 4）年に改訂した「生徒指導提要（改訂版）」では、キャリア教育と生徒指導の関連について説明がなされています。例えば、次のような記述がみられ、キャリア教育を充実させることは、生徒指導を通し、生徒を取り巻く多様な問題にアプローチするうえでも有効であることがわかります。

・いじめや暴力行為などの生徒指導上の課題への対応においては、児童生徒の反省だけでは再発防止力は弱く、自他の人生への影響を考えること、自己の生き方を見つめること、自己の内面の変化を振り返ること及び将来の夢や進路目標を明確にすることが重要です。したがって、生徒指導とキャリア教育は、深い関係にあると言えます。

・キャリア教育や進路指導等の日常的な教育活動を通じて、生徒が社会的・職業的自立に向けた資質・能力を身に付けるように働きかける発達支持的生徒指導を充実させることが、最も重要な中途退学対策であると言えます。

社会的・職業的自立、社会・職業への円滑な移行に必要な力との関連

　最後に、2011（平成23）年の中央教育審議会答申において、「社会的・職業的自立、社会・職業への円滑な移行に必要な力」として挙げられている内容は、「基礎的・汎用的能力」のみではない、という点を押さえておきたいと思います。

　図「社会的・職業的自立、社会・職業への円滑な移行に必要な力」のうち、「基礎的・基本的な知識・技能」（例：税金や社会保険、労働者の権利・義務などの理解）は、「教科を中心とした教育活動を通して 中核的に修得されるべきもの」とされています。「専門的な知識・技能」は、「職業教育を中核として育成するもの」とされています。「論理的思考力・創造力」は、「基礎的・基本的な知識・技能や専門的な知識・技能の育成と相互に関連させながら育成するもの」とされています。そして、「意欲・態度」と「勤労観・職業観等の価値観」は、「児童生徒一人一人が様々な学習経験等を通じて個人の中で時間をかけて自ら形成・確立するもの」と説明されています。

　キャリア教育は、学校教育全体を通じて行うものですが、各教科等における学びが基盤となること、そのうえで、「基礎的・汎用的能力」を育んでいく必要があること、また、生徒の意欲・態度や勤労観・職業観は、学校教育におけるさまざまな学習の過程を通じて、生徒自らが形成・確立していくものであることがわかります。

図　社会的・職業的自立、社会・職業への円滑な移行に必要な力

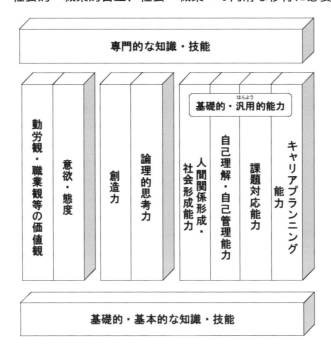

＊出典：中央教育審議会（2011）今後の学校におけるキャリア教育・職業教育の在り方について（答申）.

キャリア教育の充実の方策：キャリア・パスポートの活用

　2020(令和2)年4月より、すべての小学校、中学校、高等学校、特別支援学校で、キャリア・パスポートの作成・活用が行われることとなりました。

キャリア・パスポートの定義

　キャリア・パスポートは、2019（平成31）年の文部科学省の「キャリア・パスポート」の様式例と指導上の留意事項」によれば、次のように定義されています。

> ＜キャリア・パスポートとは＞
> 児童生徒が、小学校から高等学校までのキャリア教育に関わる諸活動について、特別活動の学級活動及びホームルーム活動を中心として、各教科等と往還し、自らの学習状況やキャリア形成を見通したり振り返ったりしながら、自身の変容や成長を自己評価できるよう工夫されたポートフォリオのこと。

　また、高等学校学習指導要領（平成30年告示）では、次のように示されています。この「生徒が活動を記録し蓄積する教材」がキャリア・パスポートに相当します。

> ＜学習指導要領上の位置づけ＞
> 学校、家庭及び地域における学習や生活の見通しを立て、学んだことを振り返りながら、新たな学習や生活への意欲につなげたり、将来の在り方生き方を考えたりする活動を行うこと。その際、生徒が活動を記録し蓄積する教材等を活用すること。

キャリア・パスポートの機能

　キャリア・パスポートの内容について、前述の文部科学省（2019）の指導上の留意事項 では、次のようなことが示されています。

> ＜キャリア・パスポートの内容＞
> ・児童生徒自らが記録し、学期、学年、入学から卒業までの学習を見通し、振り返るとともに、将来への展望を図ることができるものとする。
> ・学校生活全体及び家庭、地域における学びを含む内容とする。
> 　…様式例は、カスタマイズされることが前提であり、保護者や地域などの多様な意見も参考にする。
> ・大人（家族や教師、地域住民等）が対話的に関わることができるものとする。
> 　…自己有用感の醸成や自己変容の自覚に結び付けられるような対話を重視する。
> ・学年、校種を越えて持ち上がることができるものとする。
> 　…各シートはA4判（両面使用可）に統一し、各学年での蓄積は数ページ（5枚以内）。
> ・詳しい説明がなくても児童生徒が記述できるものとする。

　このことから、キャリア・パスポートには、自分の将来の姿、そのために必要な学びを「見通す」機能、そして、それを「振り返る」機能、自分の変容、成長を実感し、自己有用感（人の役に立っ

た、人から感謝されたなど、他者の評価を通し育まれる自己の肯定的評価）を育んでいく機能があるといえます。こうした記録の蓄積から、自己理解を深めていくことにもつながります。

キャリア・パスポートの様式

　さらに、文部科学省より様式例が示されていますが、各地域・各学校で柔軟にカスタマイズされることが前提となっています。高校生向けの様式例を見ると、最初に、「基礎的・汎用的能力」を紹介し、授業や学校行事、部活動などでのさまざまな体験や学びを通して、これらの能力を自ら成長させていくことへの期待や、高校生活を見通したり、振り返ったりし、学びの履歴を積み重ねていくことで、今後の人生を創っていくための「道しるべ」になることへの期待が示されています。

図　キャリア・パスポートの様式例（高等学校段階）

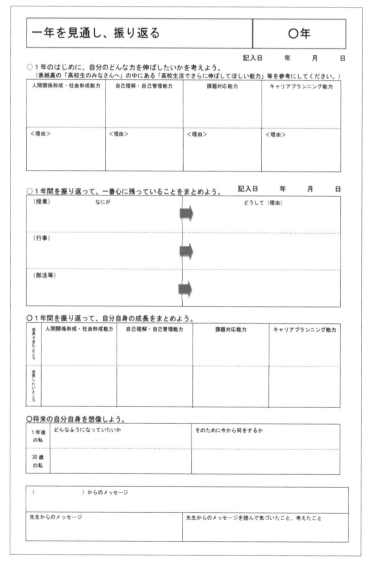

＊出典：文部科学省（2019）「『キャリア・パスポート』の様式例と指導上の留意事項」

また、様式のうち、「見通し」に関する内容を見ると、例えば、「1年のはじめに自分のどんな力を伸ばしたいか」、基礎的・汎用的能力の四つの視点から記入する欄、「将来の自分自身」を想像し記入する欄、「今学期の間に、特に心がけて取り組もう（自分なりに努力してみよう）と思っていること」を記入する欄等が設けられています。「振り返り」に関する内容をみると、例えば、見通した内容について、「自分なりに取り組んできたことやよかったと思うこと」「自分自身の成長」等を記入する欄、それに対し教員がメッセージを書く欄等が設けられています（**図「キャリア・パスポートの様式例（高等学校段階）」参照**）。

　このような様式を用いた学習を効果的に進めることができれば、将来の自分の姿を見据え、今、自分に必要となる学びを意識し、学校段階から少しずつ自身に必要な知識や技能を身につけることに役立つことが期待されます。また、出来上がったキャリア・パスポートは、進学時、また、就労時に、学校時代の自分を肯定的に振り返り、自己アピール内容をまとめるうえでも参考となるでしょう。

発達障害のある生徒への配慮

　障害のある生徒の指導・支援について、前述の文部科学省（2019）では 次のように示されており、障害特性への配慮や、幅の広い進路選択肢を見据えた取り組みが求められています。

> ＜障害のある生徒に関する記述＞
> ・通常の学級に在籍する発達障害を含む障害のある児童生徒については、児童生徒の障害の状態や特性及び心身の発達の段階等に応じて指導すること。また、障害のある児童生徒の将来の進路については、幅の広い選択の可能性があることから、指導者が障害者雇用を含めた障害のある人の就労について理解するとともに、必要に応じて、労働部局や福祉部局と連携して取り組むこと。
> ・通級による指導を受ける児童生徒等、特に特別な配慮を要する児童生徒については、個々の障害の状態や特性及び心身の発達の段階等に応じた記録や蓄積となるようにすること。

　障害特性への配慮としては、発達障害がある場合、例えば、将来について具体的に想像したり、過去の出来事を適切な形で思い出したり、文章で出来事や自分の考えなどをまとめたりすることが困難であることがあります。こうした場合には、記入にあたり、動画や写真、資料等をもとに生徒のイメージを補ったり、対話を通して生徒の考えを引き出したりするなどの配慮が必要となることが考えられます。生徒の実態によっては、生徒と相談のうえ、書く分量を減らした様式にする（穴埋め形式で文章を完成する、選択式にする等）など、障害特性に配慮した記録・蓄積となるよう検討が必要かもしれません。

　また、幅の広い進路選択肢を見据えた取り組みに向けては、まずは、本書を通じ、ぜひとも、発達障害のある生徒の卒業後について理解を深めていただきたいと思います。ただし、どのような情報を、どのようなタイミングで、どのように本人および生徒に伝えていくかは、各ケースにより異なり、見極めが必要です。本人および保護者との信頼関係を構築のうえ、各学校で、慎重に検討していくことが望まれます。

2 就労時に直面する困りごとを教えてください

就職活動

知的障害等により特別支援学校に在籍する生徒の場合、障害特性を踏まえた手厚い進路指導を受けて自分の特性に合った就職先を探索することができると考えられます。では、高等学校に在籍する発達障害のある生徒が就職を目指す場合、どのような困りごとが生じるのでしょうか。

　令和4年度学校基本調査によれば、工業科や農業科、福祉科等の専門学科（専門高校）の就職率は実に 47.8% ですが、普通科は 6.6% と低い状況と学科種別により大きく異なっています。高校生全体の進学率が高まりを見せていますが、ここでは高等学校で新卒として就職を目指す際の困りごとに注目します。

就職活動を困難にする背景

　高等学校在籍中に就職活動を行う際、特定分野を意識して学校斡旋での就職を目指す生徒がいる一方、どうも就職活動がうまく行かないという生徒がいます。例えば、就職指導で行われる、興味のある仕事の理解、仕事への適性の分析、履歴書作成の練習、面接練習の過程で、活動が困難だったり、仕事のイメージが持ちにくかったり、仕事を自身に当てはめて具体的に考えたりすることが苦手な生徒がいます。単に興味があるからという理由で、専攻や適性に全く合わない業界・職種を希望したり、インターネットや SNS の情報を鵜呑みに将来を描いてしまったりする場合もあります。このような問題の背景には、「障害特性についての情報が整理されていない」あるいは「障害についての理解が進んでいない」ことが共通していると考えられます。また、就職以前の学習面や対人面、生活面等の問題があることで、就職活動がスムーズにいかない生徒もいます。例えば、単位が取れず留年してしまう、人間関係がうまくいかない、不登校気味である、昼夜逆転してしまっている、最も深刻なケースであれば、メンタルや身体的な不調がセットになることもあります。

高等学校で就職活動に向けた支援を行ううえでの課題

　専門学科や普通科等の学科種別のみならず、全日制、通信制、定時制等の教育課程の種別など、生徒の状況はさまざまです。さらに、発達障害のある生徒の就職活動を円滑に進めるにあたっては、生徒本人についてだけではなく、障害診断の有無、障害者手帳の取得状況、障害を踏まえた生活の状況、家族の理解、家庭の経済状況、それまでの相談歴や教育歴など対象者理解に必要な情報が広範囲にわたることがあります。ですが、高校生の就職活動は短期決戦です。発達障害のある生徒にとって、自己理解を進めて最適な仕事へと移行するには、本人や学校側にとってもハードルが非常に高いというのが現状でしょう。

　学校によっては、発達障害のある生徒に対し、障害特性を踏まえ、より丁寧な自己分析・適性分析、インターンシップや現場実習による体験的な学びを通じて、一緒に向いている仕事について考えていく取り組みを行っている場合もあるでしょう。しかし、在校中にこういった手厚い経験を得られる生徒は限られており、一旦は高卒で就職したものの、仕事が自分に合わない、思っていたことと違うといったさまざまな理由から、専門学校や職業能力開発校に改めて進学したり、相談機関と連携し、障害者雇用で就労を目指したりする人もいます。

必要に応じて外部の支援機関との連携を

　高校生に向けた通常の就職指導の枠組みだけでは、発達障害の特性に対応することは難しいことかもしれません。学校の相談体制が十分でない場合には、本人・保護者に相談のうえ、地域の相談機関（例えば、発達障害者支援センター、地域障害者職業センター、ハローワーク）に相談することも考えられます。また、"障害"の看板がかかっていない若年向けのキャリア支援機関（例えば、中途退学や進路未決定の場合は地域若者サポートステーション）で、相談ができる場合がありますので、日頃からアンテナを張り、生徒にあった相談機関を探し利用することが大切です。相談機関については、パート２で解説しています。

　いずれにしても、就職活動を進める前段階で多くの問題が山積していることがあります。大事なことは、生徒理解を早めに進めること、必要に応じて外部の相談・支援機関と連携し、在校中から卒業後以降も伴走できる支援者と結びついておくこと、相談のプロセスにおいて就職に必要な情報を整理しておくことをお勧めしたいと思います。

職場定着

就職活動を経て、晴れて社会人に。けれども、職場でさまざまな困難が生じることがあります。実際に就職を果たした発達障害のある人はどのような困りごとに直面しているのでしょうか？

　発達障害のある方が就職する場合、「一般雇用（職場には障害を非開示、または未診断）」、「一般雇用（職場に障害を開示）」「障害者雇用（職場に障害を開示）」の三つのスタイルが考えられます【一般雇用、障害者雇用については、パート2（64頁）で解説】。いずれの就職スタイルにしても、発達障害の特性上、共通して生じやすい職場での困難のポイントを確認します。

　まずは、最も多く挙がるのが「人間関係の問題」です。職場では業務遂行に伴うコミュニケーションや、報告・連絡・相談を行うことが日常茶飯事です。また、休憩時の雑談等もあることでしょう。発達障害の特性から、こういったコミュニケーションに苦手を感じる人が少なくありません。行き違いから上司や同僚、顧客との間にトラブルも起こりがちです。例えば、話を聞いていない（ように見える）、指示・伝達したことが正しく伝わっていない、理解・咀嚼できないまま進める、確認せずにミスが多発する、叱責されて自信を失ったり、逆上したりしてギクシャクしてしまう、その場しのぎの発言や行動により事態が悪化する、といった問題が生じることがあります。また、「作業遂行面」のトラブルも上げられます。例えば、ケアレスミスが多い、自分の思いどおりに作業してしまう、納期が守れない、スケジュール調整ができない、複数の案件を同時にさばけないといった問題が生じることがあります。

　大学を卒業した後ですが、トラブルの末、何度かの離転職の後に、障害者雇用での就職に至った人から、職場での適応の実現に向けた方法がいくつか聞かれました（表「**発達障害のある人の**

表　発達障害のある人の職場での課題と対応例

	就労支援の課題	対応例
社会性の問題	・指示されたルールは守れるが暗黙のルールに混乱 ・場の雰囲気を読むのが苦手、適切でない返事をしてしまう ・注意されると相手が自分を無視しているように感じる ・自己流で行動する ・音や文字が苦手でありうまく情報選択できない	・守るべき指示は文章やメモにして具体的に提示　定期的に連絡・報告を求める ・比喩や視線でなく、直接的・具体的に説明したり質問する ・落ち着いて集中できる環境を整える
コミュニケーションの問題	・上司や同僚に対する接し方がうまくできない ・電話の応対がうまくできない ・指示がわからないときにタイミング良く質問できない ・突然興奮したり怒りだす	・それぞれの役割を明示し、接し方のモデルを示す ・あえて電話の応対は求めない ・サインに気づいたら、声かけをする ・落ち着ける環境を整え、平静を保つ
こだわりの問題	・複数のことを担当すると優先順位がわからなくなる ・経験したことがないことを初めてやる時は、とても不安になる ・時間や場所の変更があると不安になる	・メモや手帳を活用して担当作業をリストアップ、わからないときには優先順位の指示を上司に求める ・指示、例示、研修、確認等で経験を積む ・作業時間、工程をあらかじめ確定する ・メモをとって復唱させる

＊出典：障害者職業総合センター（2009）：発達障害者の就労支援の課題に関する研究．調査研究報告書 No.88.

職場での課題と対応例」参照）。対応例からわかるとおり、職場定着のポイントは、発達障害のある人に対する伝達方法を具体的・明示的なものにすること、作業環境を本人の特性に合うように調整することといえそうです。ですが、これらの対応例は、障害のある人に対する専門的な支援サービスの活用や、職場の協力等によって実現可能性が高まると行った認識が必要です。こうした支援サービスの利用を考える場合は、本人・保護者に相談のうえ、ハローワークや地域障害者職業センター、自治体の就労支援機関に相談すると良いでしょう。

日常生活

社会人になれば学校時代とは異なり、仕事を中心とした生活を確立する必要があります。就職後、どのような困りごとに直面しているのでしょうか？

日常生活に潜んでいる、やれていること、やれていないことをもう一度見直してみる

　身辺自立に関する一連の行動や習慣（トイレ・食事のマナー、食事の支度・身なり・清潔・整理整頓・病気や怪我の予防と対処・洗濯掃除・余暇）は、幼い頃からの学校教育や家庭教育を通じて獲得され、社会人になる頃にはほとんどの人ができるようになって然るべきものです。発達障害のある方の場合、家族の支えや周囲の配慮があるために、その方にとっての難しさが見えにくくなっている場合があります。いざ社会人になって家族等の支えがなくなるタイミングで日常生活上の困難として現れることがあります。

　ある方は地域障害者職業センターの利用を通じて時間管理の練習をし、洗濯はＹシャツだけクリーニングに出す方法で日々の忙しさを乗り切っています。またある方は、限られた給与の中で楽しめる余暇についてカウンセラーとアイディアを出し合い、公民館や図書館の利用を通勤の前後に行うことで、毎日をメリハリをつけて過ごすことができています。

　日常生活はその方にとって当たり前の時間で埋め尽くされているため、そもそも困っていることに気がつかない場合があります。仕事がうまくいかない、トラブルが起こるといった背景に、日常生活の問題も潜んでいる可能性があります。まずは、何がやれていて何がやれないのか、できることはあってもやっていないのか、そのような視点で日常生活を見直しておくことが必要です。

3 就労に向けて高等学校で期待される 指導・支援について教えてください

仕事理解

> 進路先の意思決定に向けては、生徒の「仕事理解（社会理解・職業理解含む）」「自己理解」を深めた後、体験的学びを支援していくことが重要です。実際に体験してみることで、仕事に対する向き不向きの考え方が変わることもめずらしくありません。また、発達障害のある生徒の場合、働くための基本的な準備性を段階的に高めていくことも必要です。

仕事理解を促す取り組み

仕事理解とは

　ここでいう仕事理解（社会理解・職業理解含む）とは、「進路や職業、キャリアルート等について理解を深めること」をいいます。具体的には、「仕事に関する知識（職業の種類や内容、求められる能力、その職業に就く方法等）」「労働市場の状況」「働くうえで必要な知識（マナー等）」を理解していくこと等が挙げられます。仕事について一定の知識がなければ、その仕事に取り組むうえでの自分の適性を考えていくこともできません。例えば、「一人でコツコツと好きなことに取り組める研究者になりたい！」と思う生徒がいたとします。研究職というと研究のみを行っているイメージを持つ生徒もいるかもしれませんが、研究者の仕事も、他の仕事と同じく、研究に伴う多くの事務作業のほか、研究以外の組織の行う業務に取り組んだり、対人折衝を行ったりすることもあります。キャリアルートとしては、大学院に進んだり、博士号を取得することが求められたりすることも少なくなく、すぐに希望する仕事に就けるわけでもありません。これは一例ですが、自分が希望する仕事の状況を理解しているかどうかで、自分に合った仕事といえるかどうかの判断も変わってくることでしょう。そのため、仕事理解は自己理解を深めるうえでも重要なものです。よって、学校段階から、各仕事についてイメージを深められるよう、仕事理解を促す指導・支援を行っていくことが大切です。

　また、どのような仕事を行ううえでも共通して重要となる能力として、キャリア教育で育む「基礎的・汎用的能力」である、「人間関係形成・社会形成能力」「自己理解・自己管理能力」「課題対応能力」「キャリア・プランニング能力」が挙げられます。仕事をするうえで重要となるこうした能力を理解したり、少しずつ身につけたりできるよう、働きかけていくことも重要です【基礎的・汎用的能力については、パート1（30頁）で紹介】。

仕事理解を深めるために

「仕事理解」を深める方法としては、インターネット等を用いた「職業調べ」が挙げられます。例えば、厚生労働省の職業情報サイト（日本版 O-NET）では、職業について、内容、就労する方法、求められる知識・スキルや、どのような人が向いているかなどを調べることができます。そのうえで、「職業人の話を聴く」機会を設け、より具体的にイメージを深める方法等が考えられます。

しかし、発達障害がある場合、未体験のことはイメージを持ちづらいことがあります。そのため、授業で仕事理解を深めた後は、実際に就業体験をしてみるなど、体験的な学びをきっかけとして、仕事について具体的なイメージを深めていくことが望まれます。

また、発達障害がある場合、興味・関心の広がりにくさから、そもそも働くこと自体に意欲を持ちづらいことがあるかもしれません。著者が就労支援者に実施した調査では、「働く意欲が高い人」の特徴として、「生活するのにお金が必要なことが理解できている。ほしいもの、したいことに対して自分でお金を得たいと思える」「働くことの意味や必要性を理解し、少々のトラブルには耐えている」「子どものころから手伝い等で働くことに慣れている」等が挙げられていました。このように、仕事についての理解を深めるうえで、家族と連携する方法も考えられます。

最後に、発達障害がある場合、障害者手帳を取得し、障害者求人に応募する働き方（障害者雇用）を選択することも考えられます。障害を開示して働く場合、職場に合理的配慮を申し出ることができます。生徒の実態によっては、「仕事理解」に関する学びの一つとして、一般雇用と障害者雇用の違い、合理的配慮の重要性等について情報提供を行うことも必要となるかもしれません。生徒の実態に応じて、仕事理解について必要な学びを提供していくことが求められます【合理的配慮については、パート 2（71 頁）で解説】。

図　進路先（就労希望の場合）の意思決定に向けた支援の流れ

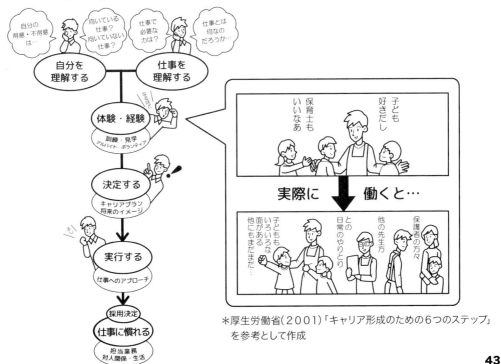

＊厚生労働省（２００１）「キャリア形成のための６つのステップ」を参考として作成

自己理解を促す取り組み

自己理解とは

　ここでいう自己理解とは、「自身の進路や職業、キャリア形成に関して理解を深めること」をいいます。具体的には、生徒が進路等（就労希望の場合は仕事）に関連する「自身の価値観や興味（意義を感じることやしたいこと等）」「自身の能力や適性（職業適性検査の結果含む）」「自身を取り巻く諸条件（家庭的条件、地域的条件、経済的条件等）」を理解していくこと等が挙げられます。自己についての多角的な理解（意義を感じることやしたいこと、できること、自身を取り巻く環境上考慮すべきこと）を通じ、自分に向いている仕事について考えていきます。先に「発達障害のある生徒への指導・支援のポイント」として、「自己理解」が重要となることを述べましたが【序を参照】、自分のキャリアの方向性について自己理解を深めつつ、そのために、何ができるようになると良いかを考えたり、困難さがあることについては、学校段階でどのような力を身につけられると良いかを考えたりするなど、キャリアに関する自己理解を、日々の学校生活における自己理解につなげていくことが望まれます。こうした自己理解を促す指導・支援は、キャリア教育で育む「基礎的・汎用的能力」の１つである、「自己理解・自己管理能力」の育成にも関わっていきます【「自己理解・自己管理能力」はパート１（30頁）を参照】。

自己理解を深めるために

　発達障害がある場合、自身の障害特性とこれに基づく得意・不得意、障害特性が仕事に与える影響を理解していくことも重要となります。また、併せて不得意なことに対しては、どのように自身で工夫できるのか、また、周囲の人からどのような配慮・支援があれば対応できるのか、といった理解を深めていくことも重要です。また、できるだけ、体験的な学び（例えば、いろいろなことにチャレンジする中で自分の得意・不得意について気付く）や、就業体験を経て、自己理解を深めることができると良いでしょう。

　自己理解を深める指導・支援を進めるうえでの視点としては、以下が挙げられます。

・自分の好きなこと・嫌いなことを考えるために、学校や家庭での自分の感情（わくわく・たのしい、げんなり・しょんぼり等）について振り返る
・自分の得意なこと・苦手なことを考えるために、学校や家庭での自分の経験（成功体験・つまずき体験、生活記録等）を振り返る
・他者との意見交換（考え方の類似点・相違点の認識）から自分の特徴について考える
・リフレーミング（「飽きっぽい」→「いろいろなことに興味を持てる」など、物事を違う枠組みから見直すこと）から自分の特徴について考える
・自己紹介書（得意なこと・苦手なこと）の作成を通し、自分について整理する、など
＜就労に向けて＞
・自分が働く理由(収入を得るため、能力を発揮するため、社会に貢献するため等)について考える

・自分の職業や働き方に対する希望（やってみたい仕事、働くうえで自分が大切にしたいこと、譲れないこと〔＝キャリア・アンカー〕など）について考える
・検査結果（職業レディネステスト、職業適性検査等）を振り返り、自分の職業上の興味・関心や得意・不得意について考える
・作業体験の結果（ワークサンプル等）を振り返り、職業上の得意・不得意について考える
・就業体験の結果（ボランティア、アルバイト、インターンシップ等）を振り返り、職業上の得意・不得意について考える
・自分がやりたい仕事とできる仕事、求められる仕事の違い（自分の求職条件と企業の求人条件のマッチング）について考える
・働くうえで自分で工夫できることや、周囲に配慮・支援を求めたいことについて考える　など

　このうち、特に重要にしたいのが、「就業体験を通した自己理解」と「就労先で自分に必要となる配慮・支援内容の理解」です。

　就業体験を通した自己理解：発達障害のある人の場合、新卒での就職の失敗・挫折経験が自分の特性に合った仕事について考えるきっかけとなったという話をよく耳にします。例えば、ある発達障害のある人は、電車が大好きで、鉄道警備の仕事につきました。しかし、実際に仕事を経験してみて、人の命を預かるために注意力を求められる仕事であること、また、そのために自分にとって精神的なストレスが高い仕事であることに気づき、働き続けることができないと思ったようです。この過程においては、上司からの注意や、自分自身うまくできないという経験を通じて、辛さを味わったことと思います。このような失敗・挫折経験からメンタル不全を起こしてしまうケースも少なくありません。高等学校段階でインターンシップや職場実習を行うことは、普通科等ではなかなか難しさがあるかもしれませんが、体験的な学びの重要性を踏まえ、できるだけ実際の仕事に触れる機会を確保していくことが望まれます (**右図参照**)。

　就労先で自分に必要となる配慮・支援内容の理解：　就労先で自分に必要となる配慮・支援内容の理解を進めるうえでは、

図　体験を通じた自己理解の重要性

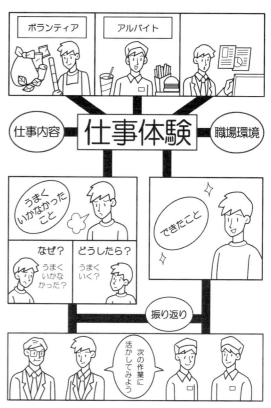

障害者職業総合センター（2016）の「ナビゲーションブック」や厚生労働省の「就労パスポート」が参考となります。「ナビゲーションブック」は、本人が就労に関する体験等をもとに、自らの特徴やセールスポイント、障害特性、職業上の課題、事業所に配慮を依頼すること等を取りまとめて、自らの特徴等を事業主や支援機関に説明する際に活用するツールです【詳細はコラム⑮で紹介】。他方、就労パスポートは、障害のある方が、働くうえでの自分の特徴やアピールポイント、希望する配慮などについて、支援機関と一緒に整理し、事業主などにわかりやすく伝えるためのツールです【詳細はコラム⑩（76頁）で紹介】。両者の大きな違いとしては、前者は、自分の特徴を「自分の言葉でまとめる」ことにより力点が置かれているため、本人が書きやすい様式で進めます。一方、後者は、「企業に伝える」ことにより力点が置かれているため、様式が定まっており、主としてチェック形式で自分の特徴を伝えます。こうした就労における自己理解を支援するツールを参考として、学校段階での取り組みを進めていけると良いでしょう。

段階的に職業準備性を育む取り組み

職業準備性とは

　職業準備性とは、「個人の側に職業生活を始めるために必要な条件が用意されている状態」のことをいいます。職業準備性を図でイメージ化したものが「職業準備性のピラミッド」です。次頁の図のとおり、一番下の土台となるのが、「職業生活を支える日常生活面の能力（健康管理、生活リズムの確立、日常生活の管理、移動能力）」です。そのうえに、「職業生活に必要となる対人技能」、次いで「職業生活に必要となる業務面の態度や基本的労働習慣（仕事に対する意欲、一定時間労働に耐える体力、規則の遵守、責任感、称賛および批判を受け入れる態度等）」が配置され、ピラミッドの頂点が「職業適性（職務遂行に必要な技能）」となっています。就労を考える場合、職業適性に目が向きがちですが、安定して働き続けるためには、生活面、対人面の能力がとても重要となることがわかります。こうした力は、学校段階から、学校生活や家庭生活の中で育んでいくことができるものです。

　職業準備性が身についていると、教育から就労への円滑な移行が進みやすいと考えられます。一方で、職業生活を始めるために必要な条件は、企業によっても異なりますし、周囲の支援状況によっても異なってきます。そのため、すべての能力が身についていないと就労できないわけでは決してありません。また、身につけるべき能力に順序性があるわけでもありません。そのため、本人や保護者と相談し、優先順位を考え、必要とされる能力を無理のない形で少しずつ育んでいくことが大切です。また、その際、本人の願い・なりたい姿の実現に向けて、本人自身が能力を高めていきたいという思いを持っていることが大切です。なお、障害者雇用で障害を開示して働く場合には、先に触れた「就労パスポート」や「ナビゲーションブック」等を用いて企業に合理的配慮を求めたり、就労支援機関と連携し、本人や企業を支えてもらったりすることも重要です。

職業準備性を育むために

職業準備性を育む方法としては、例えば、以下の五つが挙げられます。

キャリア教育や職業教育、進路指導時にこうした内容を取り扱っていけると良いでしょう。

①職業準備性向上の必要性に対する本人の理解（なぜ職業準備性を向上させる必要があるのか、職業準備性の向上の必要性と向上させるための方法について、本人の納得を得る）

②職業情報の提供（職業経験がなく、仕事についてイメージしづらい場合、世の中にはどのような仕事があるか、その仕事を行うときに何が求められるか等について情報提供を行う）

③働く当事者のモデルの提示（発達障害のある人が、どのような仕事をしているか、どうやって仕事に就き、どのように工夫したり、配慮を得たりして仕事に取り組んでいるか、といった情報は、働くイメージの明確化につながるとともに、働く意欲の喚起につながる）

④企業からのメッセージの提示（企業から、わが社で働くために必要なこと等について直接話をしてもらうと、支援者が説明するよりも伝わりやすい）

⑤企業での実習と振り返り

図　職業準備性ピラミッドの視点に基づく学習指導

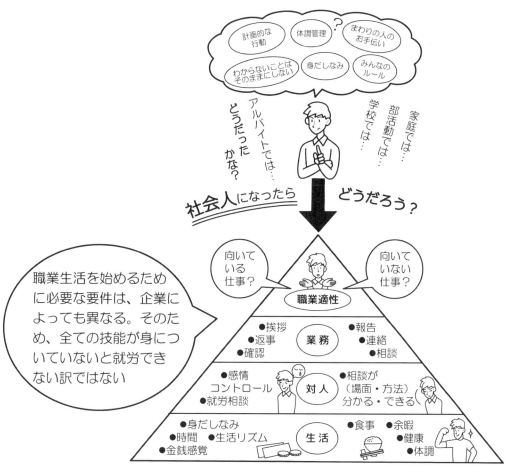

＊高齢・障害・求職者雇用支援機構（２０２２）「職業準備性ピラミッド」を参考として作成

発達障害のある人の就労に関する状況

ここでは、統計データをもとに、発達障害のある人の就労について「職種」「勤務時間」「賃金（工賃）」などを紹介します。

障害者雇用実態調査から（厚生労働省,2019a）

職種

多い順に、「販売の職業」（39.1％）、「事務的職業」（29.2％）、「専門的、技術的職業」（12.0％）、「サービスの職業」（10.5％）、「運搬・清掃・包装等の職業」（5.5％）などでした。

発達障害のある人は、販売の仕事や、事務の仕事で働いている人が比較的多いことや他にもさまざまな仕事で働いている人がいることがわかります。

雇用形態

多い順に、「有期契約の正社員以外」（45.9％）、「無期契約の正社員以外」（31.3％）、「無期契約の正社員」（21.7％）、「有期契約の正社員」（1.0％）でした。

所定労働時間

多い順に、「通常（30時間以上）」（59.8％）、「20時間以上30時間未満」（35.1％）でした。

発達障害のある人が障害者雇用を選択する場合、時短勤務など無理のない働き方から始め、ステップを踏んで正社員を目指す状況があることが考えられます。また、労働時間は、「通常（30時間以上）」が最も多く、正社員並みの時間で働いていることがうかがえます。一定時間働く体力を身につけていくことが重要です。

平均賃金

1か月の平均賃金は、12万7千円でした。週所定労働時間別にみると、「通常（30時間以上）」の人が16万4千円、「20時間以上30時間未満」の人が7万6千円、20時間未満の人が4万8千円でした。

一般雇用と比べると、低いと感じられる求人もありますが、賃金は、仕事内容や求められるスキル等によっても異なってくることに留意が必要です。

福祉的就労における工賃（賃金）の実績（厚生労働省，2022）から

就労継続支援A型事業所（雇用型）では、2021年度平均工賃は、月額8万1,645円、時間額926円でした。

就労継続支援B型事業所（非雇用型）では、2021年度平均工賃は、月額1万6,507円、時間額233円でした。

福祉的就労では、就労継続支援A型事業所（雇用型）と就労継続支援B型事業所（非雇用型）で平均工賃に大きな差があることがうかがえます。

生徒への情報提供に向けて

障害者雇用の場合、一般雇用に比べ給与水準が低い求人も少なくありません。一方で、合理的配慮を得て安定して働き続けやすいという特徴もあります。また、福祉的就労を希望した場合、障害者雇用と比べ賃金は低いものの、就労に向けた訓練として一定期間利用するという選択をとることもできるかもしれません。生徒に対し、必要に応じ情報提供できると良いでしょう。

働く意欲が高い人・定着が良い人の特徴

発達障害のある人が円滑に就職し、安定して働き続けられるためには何が大切になるのでしょうか。ここでは、著者が関わった研究（清野・榎本，2023）から紹介します。

調査の概要

教育機関と就労支援機関の教員・支援者に「アンケート調査」（自由記述）を行いました。テキストマイニングという統計手法により分析した結果は表のとおりです。

働く意欲を高めるためには？

働く意欲が高い人では、相談支援をうまく活用したり、自分自身について理解を深め、目的や目標を持ったり、働く意欲や動機を持ったり、素直に人の話に耳を傾けたりすることができる、という特徴があると考えられます。そのために学校段階では、生徒がお金や、働くことについて理解を深めたり、自分の特性を含め自己理解を深めたり、そのために、生徒のニーズに応じた学習、相談、実習等や情報提供を行っていくことが効果的と考えられます。保護者や関係機関等との連携も重要となります。

職場適応を支えるためには？

うまく働き続けられる人では、一定の生活習慣が身についており、また、自分自身について理解を深め、自分でストレス対処や他者への相談ができたり、周囲から支援が得られる環境があり、それを受け入れる素直さや情緒の安定があったりする、という特徴があると考えられます。そのために学校段階では、生徒が職業生活や家庭生活における基本的習慣を身につけたり、仕事への理解や自己理解を深め、困ったときの対処法を身につけたりできる指導や訓練、モニタリングやフォローアップといったさまざまな支援や指導を行っていくことが効果的と考えられます。ここでも保護者や関係機関等との連携が重要となります。

◆学校での取り組みに向けて

働く意欲が高い人とうまく働き続けられる人を育成する取り組みとして挙げた内容の中には、すでに学校で取り組んでいるものもあるのではないでしょうか。発達障害のある生徒の将来の就労を視野に据え、日々の取り組みについて、その意義を考えつつ、丁寧に行っていくことが大切です。

	特徴	育成の取り組み
働く意欲	・相談を活用している ・自己理解ができている ・目的や目標がある ・素直な性格 ・働く意欲が強い ・働く動機を持っている	・お金の使い道や使い方の支援 ・働くための訓練や指導 ・連携による支援 ・特性の伝達 ・学習、相談、実習等の支援 ・自己理解の支援 ・障害や仕事の情報提供

4 ここが知りたい就労支援Q&A

ここでは、発達障害のある生徒の進路指導（就労支援）に向けて、話題に上がることが多い質問を取り上げ、対応に向けたヒントを取りまとめました。ただし、一人ひとり生徒の状況は異なることから、あくまでも一例としてご理解ください。

 働く意欲や職業に関する知識を促す指導・支援について教えてください

自分が働くことを主体的に考えるためには、仕事について、勤労観および職業観（職業理解）の育成が必要となります。できれば、職場見学・実習に参加することによって、働くことへの興味や意義を実体験によって考える機会を得て、その上で、自分に合った仕事内容や職場環境を具体的に検討していくことが望まれます。

生徒の特性と仕事で必要となる能力を照らし合わせてみる

　生徒が自身の特性と仕事で必要となる能力を照らし合わせることが難しい場合、キャリア教育に関わる科目や就職活動関連の資料などで学んだことや、企業の方や職業人となった先輩の話などで聞いたことなどを一緒に振り返り、生徒が自分の特性と、仕事で必要となる能力やスキルとを照らし合わせて進路選択していけるよう支援していきます。高等学校入学後早い段階で、例えば、働くことや職業に関するテレビ番組などを紹介し、その内容について話し合うようなことも、働くことについて徐々に触れていくことに有益です。

　なお、仕事以外のライフプランを考えることも進路選択では重要となりますので、人生の各年代で、どのようなライフイベントが起きうるか、その時に必要なことは何かということも話し合い、自分に合った働き方や仕事内容、将来に向けて身につけておいた方が良いことなどを考えられるよう支援していけると良いでしょう。

自分の得意・不得意についての理解を促す
指導・支援について教えてください

学校や家庭、地域での活動、日常生活などの中で、「うまくいった時」にどのような行動や工夫をしていたか、「うまくいかなかった時」にどのような行動をしがちであったかといった「行動特性の傾向」を整理すると、働く場面での得意・不得意が考えやすいでしょう。

「自己肯定感」を支持する対応を

　具体的なエピソードが思い出しにくい場合は、「頑張ったことは？」などの抽象的な問いかけではなく、「やり始めたら面白いと思えたことは？」「いつもより長めにやり続けられたことは？」など、取り組んでいる時の様子を「具体的に思い出しやすい表現」で質問することがポイントです。

　また、過去に周囲の人から褒められたことやアドバイスされたことを質問したり、可能ならば周囲の生徒と一緒に考えられるように支援したりすると、客観的な気づきにつながることもあります。過去の失敗体験から、不得意だと思うことを過度に意識している場合もあるので、「自己肯定感」を支持するような対応を心がけることも重要です。なお、生徒の特性や状況に応じて、職場見学・実習などの体験的な学びの機会を設け、実際に働く場面での得意・不得意の発見につなげていくことも有効です。

> ### ワンポイントアドバイス　リフレーミングによる自身の長所への気づき
>
> 　生徒の中には、自分の過去の経験を振り返って行く際、自分の苦手なことやネガティブな考え方・感じ方の傾向ばかり気になってしまう場合があります。例えば、「何事も確認しながら行うので、時間がかかってしまう」という行動面の特徴は、「確認をすることで、慎重に物事を進めることができる」という長所につながっている場合があります。また、「飽きっぽくて、いろいろなことに興味が向いてしまう」という考え方の傾向は、裏を返すと、「好奇心旺盛で、いろいろなことに関心を向けることができる」という長所にもなります。
>
> 　このように、自分の行動の仕方や考え方・感じ方の傾向について、異なった角度から意味を見つめ直すことを「リフレーミング」といいます。自分の特性をリフレーミングするためには、自分ひとりだけで自分のことを見直してみるのではなく、支援者や周囲の人たちと話し合う中で、自分のこれまでの経験や日常生活での行動や考え方・感じ方を振り返ってみると良いでしょう。そうすることで、自分では気づかなかった視点から自分の特性について自己理解が深まり、自分に合った働き方や職業などについて改めて考えることにつながっていくでしょう。

図　リフレーミングで自己理解を深める

 本人の適性に合った進路指導を進めるうえでの留意点を教えてください

物事への興味や思い込みが強く、自分の好きなことや得意と思っていることに関連した仕事に過度にこだわったり、いろいろな業界や職種を調べることを拒んだりするような場合は、まずは、考え方の幅を広げるような支援が必要です。「自己理解」では、自分では気づいていない得意・不得意に気付くきっかけとして、過去にうまくいったことと併せて、うまくいかなかったこと、周囲の人から指摘されたことなども一緒に整理し、客観的な視点から自分の特性について考える支援を行うことが考えられます。

自身の可能性について多角的な視野が持てるよう支援する

　まずは自分の興味のある仕事について調べ、それを基準に他の仕事を比較することで、業界や職種などの理解を広げていきます。できれば、職場見学・実習などで仕事を体験してみることが有効ですが、それが難しい場合は、まずは自分の興味のある企業や仕事について調べ、その内容を教員と一緒に振り返り、実際の仕事で活かせそうな自分の特性や興味、必要となる能力やスキルなどを改めて整理していけると良いでしょう。

　支援で大切なことは、生徒の思い込みを否定するのではなく、興味などを出発点に、生徒自身が自分の可能性を多角的な視野で改めて考えていけるように支援していくことです。そして、生徒が「意義を感じることやしたいこと」「できること」「自身を取り巻く環境上考慮すべきこと（家庭的条件、地域的条件、経済的条件等）」の３つが交わるところを一緒に考え、進路選択に向けて折り合いをつけていく過程を支えていくことが重要です。

障害者雇用について生徒や保護者に情報提供する際の留意点を教えてください

まず、障害者雇用を目指す場合は、障害の診断を受けており、障害者手帳の取得が見込まれることが前提となります。障害者雇用について情報提供する際には、生徒が自分の特性と照らし合わせて働き方を考えられる状況になっているかを見極めることが重要です。そのためには、障害者雇用に関する具体的な説明の前に、自分の特性についての理解や、キャリア教育を通じた、勤労観（自分は何のために働くのかといった考え方）、職業観（この仕事は〇〇なので、自分には合わないといった考え方）の熟成の支援が大切です。

本人の特性、将来設計などを踏まえて周囲とも十分な相談を

　支援者の判断で障害者雇用を勧めるのではなく、生徒自身がいろいろな選択肢の中から自分の働き方について考えていけるように、障害者雇用についても、「さまざまな進路の一つ」として情報提供する姿勢も大切なことです。働くうえで、障害の特性への配慮を重要視するならば、障害者雇用の方が就労条件は整っているかもしれませんが、例えば、仕事の内容や待遇面（給与等）などで生徒にとってデメリットがあるならば、一般雇用の中で仕事や職場環境に対応する工夫ができるかを考えてみるなど、本人の特性や将来設計などのいろいろな要件から、周囲とも十分に相談して決めていくことが大切です。

　なお、障害者雇用に必要な障害者手帳の取得には時間がかかります。就職活動の進展や卒業の時期などを見据えて、適切な時期に障害者雇用について情報提供できるように支援していくことが重要です。【障害者手帳については、コラム④（58頁）で解説】

ワンポイントアドバイス　やりたい仕事とできる仕事について理解を深めるために

　物事への興味や関心が強い傾向がある場合、自分の好きなことや得意と思っていることを仕事にすればうまくいくはずだと考えてしまうことがあります。

　しかし、実際の仕事場面では、仕事そのものに直結するスキルや知識だけを使うのではなく、例えば、お客様からの注文に臨機応変に対応したり（マルチタスクの遂行能力）、上司や同僚などとチームで協力して仕事をしたりする（コミュニケーションスキル）など、いろいろな要素が複雑に影響しあい業務として進んでいきます。

　そのため、働くことを考えるうえでは、実際に仕事について体験してみることが有効です。そのうえで、自分の得意なこと・苦手なことをきちんと整理し、その職場で求められている働き方にどう対応できるかを考えられるよう支援していくことが望まれます。

また、最終的に意思決定するのは生徒本人ですが、意思決定の際には他者（希望する仕事について専門的な情報を持つ人、生徒の興味・関心、特性等をよく理解している教員、保護者など）の客観的、総合的な意見が参考となることについて、事前に情報提供しておくことも重要です。他者に相談することにより、自分の興味や知識の方向性、得意・不得意などの特性を改めて見つめることができれば、興味のある仕事のより詳しい情報や、自分では知らなかったけれど知識や特性が活かせそうな新たな職業や働き方の選択肢を見つけられる可能性があります。

図　やりたい仕事とできる仕事

Q 受診・障害者手帳の取得について生徒や保護者に情報提供する際の留意点を教えてください

障害の診断を受けることは、専門医の問診や心理検査などにより、得意なこと・不得意なこと、自分で工夫できること、支援を受けた方が良いことなどを整理し、自身の将来の方向性を考える一つの機会となり得ます。

まずは、生徒・保護者との信頼関係の構築を

生徒が学校生活や日常生活、就職活動の中で困りごとを感じ、自身の努力だけでは対応が難しいと思った時（自己理解が一定程度進んだとき）が、受診、（診断がある場合には）障害者手帳の取得に向けた情報提供を行うタイミングかもしれません。ただし、その見極めは慎重に行う必

Error

要があり、学校組織全体での対応が必要です。

　生徒の「困りごと」の原因と対応を生徒・保護者と一緒に考える中で、「本人が生活しやすくなるための方法」や、「将来の働き方や生活の仕方を考えていくための情報」を得るために、専門家にしっかり診てもらうことを提案する方法などが考えられます。ただし、こうした提案を行ううえでは、生徒・保護者との信頼関係の構築が前提となります。

　なお、障害の診断をするのは、あくまでも専門医です。教員が障害によくみられる特性が多いと思ったとしても、障害があるという前提で支援を進めると、生徒の自由な進路選択を妨げたり、チャレンジの機会を奪ったりする恐れもあります。生徒・保護者との信頼関係をしっかり構築し、生徒自らが自分にとってより良い進路を選択できるよう支援することが重要です。

 外部の専門機関との連携にあたっての留意点を教えてください

> 生徒・保護者に対し、就労に向けて外部の専門機関を紹介するタイミングは、生徒・保護者との信頼関係をしっかり構築したうえで、生徒が自身の障害への理解が進み、どのように働きたいか、そのためにはどのような支援が必要かなどを考えられるようになってからが良いでしょう。

相談内容を生徒・保護者と一緒に整理しておく

　相談機関の紹介にあたっては、生徒の希望する働き方や生活のために、専門機関の支援を得る方法もあること、紹介する専門機関の特徴、学校も専門機関と協働し引き続き支援に取り組むことなどについて事前に説明し、生徒・保護者から同意を得ることが必要です。

　また、あらかじめ、専門機関への相談内容・伝達内容を、生徒・保護者と一緒に整理しておくことができれば、スムーズな連携につながります。例えば、学校や家庭生活場面で、生徒が「得意なこと、興味の持てること、集中が続く作業や場面」「苦手なことに対し学校で対処の工夫をしてみたこと（本人がしていた対処、教員がしていた対処）」や、生徒の「対人・コミュニケーション面、作業面、生活面の特徴（例えば、職員室でのあいさつはできる／授業時にいきなりあてて答えることは難しいが、事前に発表練習をしておけば対応できる／時間はかかるが丁寧に作業することができる）」など、生徒の多角的な情報と併せ、「何があるからできている」を共有することができれば支援に役立ちます。

ワンポイント アドバイス 障害のある人の多様な進路選択肢

　障害のある人の働く選択肢として、一般企業の中で障害のない人と同様の働き方をする「一般雇用」と、障害者手帳を取得し、障害特性に対して合理的な配慮を受けながら働く「障害者雇用」（略して「手帳就労」と呼ばれることも）があります。

　また、障害者雇用も、一般企業の中で働く方法と、「特例子会社」と呼ばれる会社で、障害のある人とともに働く方法があります。障害のある人で主に構成される「特例子会社」は、障害のある人が働きやすい職場環境などの一定の条件のもとで設立された会社です。障害のある人が働きやすいよう、施設や設備、制度などが整っていたり、従業員に占める障害のある人の割合が高いことが特徴として挙げられます。

　障害があるからといって一律に「障害者雇用」を選択する必要はなく、仕事内容や職場環境にうまく対応する工夫を自分で行うことができれば、「一般雇用」で活躍することも考えられます。

　それぞれの働き方にはメリット・デメリットがあるので、自分の特性や将来のライフプラン・キャリアプランと照らし合わせながら、周囲の人や就労支援機関の支援者などと十分に話し合って決めていくことが大切です。

　なお、一般雇用・障害者雇用のどちらを選んだにしても、すぐに就職活動に臨める状態かどうかによって、利用する支援機関が異なります。

　一般雇用希望ですぐに応募しない場合、専門的な職業の技能を身につけたい場合は「職業能力開発校」、働くことや生活面に不安がある場合は「地域若者サポートステーション」などを活用することが考えられます。

　障害者雇用希望ですぐに応募しない場合は、「発達障害者支援センター」「地域障害者職業センター」「障害者就業・生活支援センター」などに相談をした後、障害特性や利用目的にあった支援機関で就労に向けた具体的な準備をしていくことが考えられます。

　【制度や、各機関については、パート2で解説】

障害の診断に向けて

ここでは、診断に向けて知っておきたい情報を、「発達障害ナビポータル」（国立障害者リハビリテーションセンター・国立特別支援教育総合研究所）や自治体（熊本県，2022）の資料を参考として、紹介します。

診断を受けるか検討する

発達障害の特性があるすべての人が必ず診断が必要なわけではありません。特性によって社会生活で困りごとが多く、支援を受ける必要がある場合や、福祉サービスなどを利用する場合には、診断を考えることが必要です。

診断は、本人が自分への理解を深めたり、家族や周囲の人が本人の特徴や適切な関わり方を知るきっかけや手がかりになったりすることがあります。それにより、より過ごしやすい環境を整えたり、より良い人生を送ったりすることにつながります。そのため、診断を受ける必要があるかは、ご本人や保護者の意思で決めることになります。

相談機関、診断機関について知る

発達障害の診断は、発達障害を専門とする医師に判断してもらうことが必要です。相談機関では「相談」はできますが、「診断」はできません。

相談、受診に向けた機関として以下があります。

相談機関	診断に向けた医療機関
子ども：保健センター、子育て支援センター、児童発達支援事業所、病院の発達相談など **大人**：発達障害者支援センター、障害者就業・生活支援センター、相談支援事業所など	**子ども**：小児科、児童精神科、小児神経科、発達外来など **大人**：発達障害専門の医療機関、精神科、心療内科、児童精神科、小児神経科など

診断の流れを知る

医師が本人や家族の話を聞き、発達障害の診断をします。本人の特性や知的な能力、心理的な特徴等を把握するため、必要な検査を行う場合があります。

・医療機関や医師により受けられる診療やサービスに違いがあります。

・発達障害の診断、診療を行う機関の多くでは、予約が必要です。

・診断には、幼少時の発達の状況に関する情報が重要となります。

・診断を受ける場合は、母子手帳やこれまで受けた検査の結果が参考になる場合があります。事前に受診予定の医療機関に問い合わせ、必要なものの確認をしましょう。

診断名の取り扱いについて留意する

・発達障害の診断について、本人に「いつ」「どのように」伝えるのか慎重に行う必要があります。十分に準備をして伝えましょう。

・診断名はとても大切な個人情報です。本人が周囲の人に伝えるときは、事前に誰に、どう伝えるのが良いか、一緒に考えましょう。

・診断を受けなくても、相談や、検査をすることで困りごとや特性が把握できる場合があります。

障害者手帳の取得に向けて

障害者手帳についての情報を厚生労働省や自治体（東京都保健福祉局）のサイト、「こころの情報サイト（国立精神・神経医療研究センター）」を参考として紹介します。

障害者手帳を持つことで、「障害者総合支援法」や「障害者雇用率制度」の対象となり、さまざまな支援を受けることができます。また、自治体等が提供するサービスを受けられることがあります。

障害者手帳の種類

障害者手帳には、「身体障害者手帳」、「療育手帳（または愛の手帳）」、「精神障害者保健福祉手帳」の３種類があります。

発達障害のある人の障害者手帳

発達障害の専用の手帳はありません。発達障害は、知的障害がない場合は「精神障害者保健福祉手帳」、知的障害がある場合は「療育手帳」の対象となります。発達障害と知的障害の両方がある場合は、両方の手帳を持つことができます。

精神障害者保健福祉手帳取得の流れと留意点について

精神障害者保健福祉手帳の対象は、精神障害（発達障害やてんかんを含む）です。障害の程度によって、1~3 級の等級に分かれます。手帳の交付条件はその精神疾患の初診から６か月以上経過していることなので、初診日を確認しましょう。相談先は、市区町村の担当窓口（障害福祉課や福祉事務所等）です。

手帳取得の主な流れは以下になります。

①市区町村の窓口で「診断書」と「申請書」の用紙を入手
②都道府県の指定する指定医を受診し、「診断書」を書いてもらう
③市区町村の窓口に「診断書」と「申請書」、必要書類を提出する
④都道府県が審査し、認定されると手帳が交付される

療育手帳取得の流れと留意点について

療育手帳の対象は、知的障害です。療育手帳は、住んでいる自治体（都道府県や政令指定都市）によって、等級、判定基準、受けられるサービス、ルールが違います。そのため、手帳の取得方法については、住んでいる市区町村の担当窓口（障害福祉課や福祉事務所等）に確認しましょう。

例えば、東京都での手帳取得の主な流れは以下になります（東京都保健福祉局）。

①知的障害の判定を受けるため、判定機関に電話で判定日を予約
②判定日に申請書類を提出し、判定のための検査を受ける
③判定機関で判定し、その結果により手帳が交付される

障害者手帳を取得するかどうかは、障害受容とも関連するため、慎重な配慮が必要です。支援する本人の納得や決定に基づく、より良い選択ができるような関わりが大切です。

・・・・・・・・・・・・・・・・・・・コラム⑤・・・・・・・・・・・・・・・・・・・

わが国の将来的な労働力不足に対応するための
障害者雇用の可能性

著者が国立特別支援教育総合研究所に勤務していた際に取り組んだ「我が国の将来的な労働力不足に対応するための障害者雇用の有用性に関する基礎的研究」（科学研究費助成事業　研究課題番号 18H05759）を紹介します。

学習集団としての「社会」の質を高める

この研究に取り組んだきっかけは、学習指導要領改訂に向けた議論でも話題に上がった、わが国における少子高齢化の急激な進展や、機械化・AI の進化・普及などによる産業構造の変化（今後 10 〜 20 年程度で半数近くの仕事が自動化される可能性が高いとする予測 ）を私たちがどのように乗り越えていくかという国の喫緊の課題解決のためには、特別支援教育の取り組みにヒントがあるのではないかと考えたためです。

わが国においては、障害のある子どもと障害のない子どもができるだけ同じ場で共に学ぶことを目指しつつ、特別な教育的ニーズのある幼児児童生徒に対して、自立と社会参加を見据え、その時点で教育的ニーズに最も的確に応える指導を提供できる多様で柔軟な仕組み（通常の学級、通級による指導、特別支援学級、特別支援学校）を整備するというインクルーシブ教育システム構築が進められており、その基盤は特別支援教育の推進です。

通常の学級においては、発達障害のある生徒を含む多様な生徒が在籍しており、一つの小さな「社会」を形成しています（John Dewey）。著者は 、高等学校等の通常の学級において、発達障害を含む多様な生徒一人ひとりの良さを引き出すだけではなく、学習集団としての「社会」の質を高めることも可能だと考えています。

「共生社会」の構築を目指す

本研究の取り組みの一環として、障害者雇用を社会貢献としてではなく、企業戦略として行っているいくつかの中小企業を訪問したのですが、従業員 100 名のうち障害者が 14 名というある中小企業において、障害者である従業員と障害のない従業員との「共生社会」がまさに実現されていました。さらに驚くべきことに、ほとんどの障害のある社員がこの企業で 20 年以上継続して働いており、最長で 33 年以上継続雇用されている方もいました（調査当時）。この企業では、82 歳の従業員が「まだこの会社で働きたい」と元気に勤務してるほか、近年課題が多いとされている外国人技能実習生の受入れもスムーズに行われていました。また、障害のない従業員が障害のある従業員から刺激を受け働く意義を感じており、全ての従業員がそれぞれの立場や業務に対する誇りややりがいを感じ生産性を高めていました。この企業では、まさに「共生社会」が具現化されていたといえます。

特別支援学校のセンター的機能を活用した就労支援

ここでは、障害のある生徒の指導・支援について相談できる地域の専門的な機関の一つとして、特別支援学校のセンター的機能を紹介します。

特別支援学校のセンター的機能

障害のある生徒に対して支援を行うことが必要となった際や、より効果的な支援を行う必要が生じた際に、「何から始めたら良いのだろう」と悩む必要はありません。豊富な実践に基づく専門性を有した特別支援学校からの助言または援助を得ることが有効です。

特別支援学校が有する機能として、地域における特別支援教育に関するセンターとしての役割が求められており、高等学校も、特別支援学校からの助言または支援を受けることができます。なお、初めて助言または支援を要請する際は、管理職や校内の特別支援教育コーディネーターを窓口にすると良いでしょう。

センター的機能の具体的内容

特別支援学校は、地域における特別支援教育のセンターとして、各学校の要請に応じて、教育上特別の支援を必要とする児童生徒等の教育に関して、必要な助言や援助を行うよう努める必要があります（学校教育法第74条）。特別支援学校は、それぞれの地域における各学校の特別支援教育を支援する中核であると言えるでしょう。

特別支援学校の「センター的機能」の具体的内容は、次の6点として整理することができます（文部科学省，2017）。

① 各学校の教職員への支援機能
② 各学校の教職員に対する研修協力機能
③ 特別支援教育に関する相談・情報提供機能
④ 個別の指導計画や個別の教育支援計画等の作成への助言など、児童等への指導・支援機能
⑤ 教育、医療、保健、福祉、労働等の関係機関等との連絡・調整機能
⑥ 児童等への施設設備等の提供機能

センター的機能を活用した就労支援

特別支援学校では、在籍する児童生徒等の進路に関わって、さまざまな関係機関と繋がり、連携を図っています。とりわけ、就労については、企業等の採用担当者等との連携を密にしながら、生徒の発達の状態や特性等と企業等が求める人材との間にミスマッチが起こらないよう、互いの情報を交換したり、就労後の生徒の状況を定期的に確認したりする取り組みが進められています。

高等学校における発達障害等のある生徒の就労に向け、特別支援学校が有する、豊富な事例に裏付けられた専門性を活用することで、生徒の就労支援の充実が期待できます。

「パート 1」引用・参考文献

青森県教育委員会：キャリア・パスポート．
　https://www.pref.aomori.lg.jp/soshiki/kyoiku/e-gakyo/kyaria_pasupoto.html（2023 年 5 月 31 日閲覧）
宇野 宏之祐（2021）：我が国の将来的な労働力不足に対応するための障害者雇用の有用性に関する基礎的研究．科学研究費助成事業　研究成果報告書．
熊本県（2022）：発達障がい受診ハンドブック．
　https://www.pref.kumamoto.jp/soshiki/39/1982.html（2023 年 4 月 9 日閲覧）．
厚生労働省（2001）：キャリア・コンサルティング技法等に関する調査研究報告書の概要．
厚生労働省（2016）：高等学校におけるキャリア教育実践講習テキスト．
厚生労働省（2019）：平成 30 年度障害者雇用実態調査結果．
　https://www.mhlw.go.jp/content/11601000/000521376.pdf（2023 年 4 月 8 日閲覧）．
厚生労働省（2022）：令和 3 年度工賃（賃金）の実績について．
　https://www.mhlw.go.jp/content/12200000/001042285.pdf（2023 年 4 月 8 日閲覧）．
厚生労働省．障害者手帳．
　https://www.mhlw.go.jp/stf/seisakunitsuite/bunya/hukushi_kaigo/shougaishahukushi/techou.html（2023 年 4 月 9 日閲覧）．
厚生労働省：就労パスポート．
　https://www.mhlw.go.jp/content/000565955.pdf（2023 年 5 月 18 日閲覧）
高知県須崎市教育研究所：須崎のキャリア教育　基礎的・汎用的能力一覧．
　https://www.kochinet.ed.jp/susaki-l/new1022.html（2023 年 5 月 31 日閲覧）
高齢・障害・求職者雇用支援機構（2022）：令和 4 年度版　就業支援ハンドブック．
国立研究開発法人国立精神・神経医療研究センター精神保健研究所　こころの情報サイト．障害者手帳・障害年金．
　https://kokoro.ncnp.go.jp/support_certificate.php（2023 年 4 月 9 日閲覧）．
国立障害者リハビリテーションセンター・国立特別支援教育総合研究所．発達障害ナビポータル．
　https://hattatsu.go.jp/（2023 年 5 月 17 日閲覧）．
障害者職業総合センター　職業センター（2016）：発達障害者のワークシステム・サポートプログラム　ナビゲーションブックの作成と活用．支援マニュアル No.13．
　https://www.nivr.jeed.go.jp/center/report/support13.html（2023 年 5 月 18 日閲覧）
障害者職業総合センター（2009）：発達障害者の就労支援の課題に関する研究．調査研究報告書 No.88．
障害者職業総合センター（2020）：発達障害者のストレス認知と職場適応のための支援に関する研究　精神疾患を併存する者を中心として．調査研究報告書 No.150．
障害者職業総合センター（2023）：発達障害のある学生に対する大学等と就労支援機関との連携による就労支援の現状と課題に関する調査研究．調査研究報告書 No.166．
清野絵・榎本容子（2023）：就職・職場定着を支える学習．榎本容子・清野絵（編），発達障害の就労とキャリア発達．新曜社，113-135．
中央教育審議会（1999）：初等中等教育と高等教育との接続の改善について（答申）．
中央教育審議会（2011）：今後の学校におけるキャリア教育・職業教育の在り方について（答申）．
中央教育審議会（2016）：幼稚園、小学校、中学校、高等学校及び特別支援学校の学習指導要領等の改善及び必要な方策等について（答申）．
東京都保健福祉局．愛の手帳 Q & A．
　https://www.fukushihoken.metro.tokyo.lg.jp/shinsho/faq/techo_qa/index.html（2023 年 4 月 9 日閲覧）．
文部科学省（2004）：キャリア教育の推進に関する総合的調査研究協力者会議報告書〜児童生徒一人一人の勤労観，職業観を育てるために〜．
文部科学省（2011）：高等学校キャリア教育の手引き．
文部科学省（2017）：発達障害を含む障害のある幼児児童生徒に対する教育支援体制整備ガイドライン．
文部科学省（2018）：高等学校学習指導要領（平成 30 年告示）．
文部科学省（2019）：「キャリア・パスポート」の様式例と指導上の留意事項．
文部科学省（2022）：「キャリア・パスポート」Q&A について（令和 4 年 3 月改訂）．
文部科学省（2023）：中学校・高等学校キャリア教育の手引き．
文部科学省：高等学校卒業者の学科別進路状況．
　https://www.mext.go.jp/a_menu/shotou/shinkou/genjyo/021203.htm　（2023 年 5 月 18 日閲覧）

知っておきたい
制度・施策のポイント

　パート2は、発達障害のある生徒に対し、キャリア教育・進路指導を進めていくうえで知っておきたい就労に関わる制度・施策のポイントを取りまとめています。

　高等学校現場で求められている指導・支援についてその背景を多角的に理解することで、指導・支援をより良く進めていくことができると考えます。

　発達障害のある生徒の就労支援について知識を深めたい方の自己研鑽に役立つようにまとめています。

福祉・労働に関する制度・施策の基礎知識

1 就職支援のポイントを教えてください

学校卒業後の進路選択に向けた支援は、本人の希望・ニーズの確認から始まります。生徒が就職希望の場合、その後、どのように支援を進めていくことが求められるのでしょうか。ここでは、「一般雇用と障害者雇用」「就職に向けた支援の流れ」「職業評価」について解説します。

一般雇用と障害者雇用

就職に向けた選択肢となる、「障害者雇用」と「一般雇用」について説明します。それぞれの選択肢の特徴を理解し、生徒が自分の意思で納得して選択していくことが重要です。

雇用形態の違いを理解したうえで本人に合った選択を

「障害者雇用」とは、障害者求人に応募し、雇用されることをいいます。わが国では、障害のある人の雇用義務制度があり（従業員が一定数以上の規模の事業主は、従業員に占める、身体障害者、知的障害者、精神障害者の雇用割合を法定雇用率以上とする必要があります）、障害者求人での雇用は、この制度の対象となります。一方の「一般雇用」とは、障害のない人と同じように一般求人に応募し、雇用されることをいいます。留意したいのは、障害者手帳を持っていたとしても、障害を開示せず、一般求人に応募することができますが、障害者手帳を持っていない場合は、障害者求人に応募することができない、という点です。

それでは、「障害者雇用」と「一般雇用」にはどのような違いがあるのでしょうか。特徴的と考えられる内容を表にまとめました。それぞれの雇用形態の違いを理解したうえで、自分に合った雇用形態を選ぶ必要があります。

障害者雇用の大きなメリットは、面接や入社の際に自分の特性と職場に求めたい支援・配慮事

表　障害者雇用と一般雇用の違い（例）

	一般雇用	障害者雇用
職種や求人数	障害者雇用よりも多い	一般雇用よりも少ない →地域によっては通勤可能範囲でなかなか見つからないこともある
障害者手帳	障害者手帳の有無に関係なく応募できる	障害者手帳があれば応募できる
障害に対する企業の認識	障害を開示しない限り、認知されない	障害を認知したうえで雇用される →周囲の人に障害があることを知られる
支援・配慮の受けやすさ	障害を前提としない雇用形態であるため、必要な支援や配慮を得られにくい	申請すれば、必要な支援や配慮を得られやすい

項を企業に伝えておくことで、支援・配慮を受けながら働くことができることです。また、特例子会社の場合、一般の会社とくらべ、より手厚い配慮を受けられる可能性があります【特例子会社については、パート１「ワンポイント・アドバイス」（56頁）を参照】。ただし、業務や給料に物足りなさを感じる場合もあるため、入社後も業務への習熟度合や特性を踏まえ、キャリアアップを視野に入れた職務配置・待遇を検討する対話を企業と続ける姿勢が求められます。

就職に向けた支援の流れ

就職に向けた生徒の希望・ニーズを確認し（明確にし）、就職に向けての意思を確認することが必要です。そして、それを叶えるために、「どのような準備を進める必要があるか」を生徒と一緒に検討していきます。
この際、「どんな環境が本人に適しているか」という、個人と環境の相性を検討できる情報を中心に集め、周囲に求める必要がある支援・配慮や本人が取り組むべきことを明らかにしていきます。これらの検討を本人が主導できるよう支援するとともに、必要に応じて就労支援機関を利用することも考えられます。

本人の意思を確認する

　進学と就職のいずれを希望するかを確認し、就職を望んでいる場合は、就職の時期（卒業後すぐなのか、就労準備を整えてからなのか等）、職種・仕事の内容、就業形態（雇用期間の定めがない正社員として採用されたいか、働く時間帯等）、居住形態と通勤方法（親と同居するのか、公共の交通機関を利用するのか等）について確認しましょう。

　すぐに就職することに不安がある場合は、就労支援機関について情報提供を行います。本人が自身の障害を認知している場合は「就労移行支援事業所」や「障害者職業能力開発校」などを、認知していない場合は「地域若者サポートステーション」等を紹介することが考えられます。また、どんな仕事が自分にあっているかのイメージが明確でない場合は「地域障害者職業センター」などで、職業評価（後述）を受けることを検討すると良いでしょう。

　【各種就労支援機関については、パート２（77～91頁）で解説】

就職に向けた準備を支援する

　進路に関する意思確認の結果をもとに、履歴書作成や面接練習、職場訪問等、就労に向けた準備を進めます。障害特性を踏まえ、よりきめ細やかな支援を必要とする場合は、「ハローワーク」「障害者就業・生活支援センター」「地域障害者職業センター」等と連携のうえ、進めることができるとよいでしょう。また、障害者雇用を希望する場合は、企業に求める配慮事項を整理するため、「地域障害者職業センター」等において、職業評価（後述）を受けることが考えられます。

　作業体験を通じてセルフマネジメントスキルを習得したり（コラム⑧（69頁）で解説）、配慮事項を取りまとめた自己説明書の作成を経験したりしておくと（コラム⑮（93頁）で解説）、

就労への移行が円滑になるでしょう。

　なお、障害者雇用を希望する場合は、原則として、障害者手帳が必要となることについて早めに情報提供することが必要です。【障害者手帳については、コラム④（58頁）で解説】

就職活動を支援する

　就職に至るには、「ハローワーク」等で本人の適性や希望を踏まえた求人の探索、応募書類の作成、採用面接等を経ることになります。採用面接において本人の対人不安・緊張が強い場合は、企業の許可のもとに支援者や家族が同席し、配慮をお願いしたい事項や本人の支援体制等についての情報提供を行うことで、採用側の不安軽減にもつながることが期待できます。

職業評価について

職業評価とは、「働くことに関する知識・技能がどの程度身についているか」「どのような仕事あるいは環境で力を発揮しやすいか」「働くうえでどのようなことが障害になりそうか。その障害が発生しにくい仕事や環境はどのようなものか」を評価したうえで「力を発揮でき、障害が発生しにくい環境を整えるために企業にどのような支援や配慮を要請するか」「どのような知識・技能を学ぶ機会に参加するか」といった働くための行動計画を立てることを指します。

職業評価はどのように行うの？

　働く力は「本人の特性や獲得している知識・技能」と「環境条件」とのかけ合わせで決まるものなので、職業評価には本人の評価だけではなく、職場環境等の評価も含まれます（**図「職業評価の対象は『個人と環境の相互作用』」**参照）。職業評価の方法には、面談、検査、模擬的な職場環境での作業体験、ワークサンプル、職場実習、関係機関からの情報収集等があります。また、環境条件を把握する方法には、面接、関係機関からの情報収集、求人票や職場見学等があります（**図「職業評価の方法」**参照）。

職業評価の結果はどう生かされるの？

　収集した情報をもとに、本人の特性、長所・アピールポイントやできること、課題や苦手なこと、本人が取り組むことや工夫、必要な支援や配慮を整理します。この際、本人が主体的に情報を整理できるようサポートします。これが、前述した自己紹介書の作成につながります。

図　職業評価の対象は「個人と環境の相互作用」

□ 長所・強みを引き出す環境とは？

□ 困りごとが現れにくい環境とは？

□ 希望を叶えるために必要な学びは？

□ 家庭生活が職業生活に与える影響は？

図　職業評価の方法

□ 面談

□ 模擬的な職場環境での作業体験

□ 検査

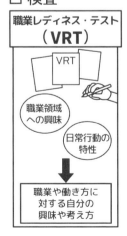

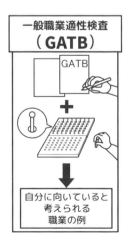

□ 職場実習

□ 関係者からの情報収集

＊職業評価に類似する用語として、就労アセスメントがあります。就労アセスメントは、就労継続支援Ｂ型事業所の利用希望者に対して就労移行支援事業所が行う就労面の評価を指すことがあります。

本人の強みや課題を多角的に把握し、必要とする配慮・支援を整理するために〈就労のアセスメントツール①〉

就労に関するアセスメントを行う目的の一つは、自分の強みや課題、そして、自分の力を発揮して働くために周囲にお願いする配慮・支援等を理解することにあります。

ここでは、障害者職業総合センターが開発したアセスメントツールを紹介します。

就労支援のためのアセスメントシート

発達障害のある人の場合、職業生活にあたり、作業面や対人面、生活面に困難が生じることがあります。本人の希望を踏まえつつ、無理のない働き方を検討していくうえでは、多角的な視点からの実態把握が重要です。

「就労支援のためのアセスメントシート」は、就労に関する以下の①から③までの情報を支援者と対象者が協同で収集し整理することにより、両者が対象者の「ストレングス（長所）」や「成長可能性」「就労するうえでの課題」等を適切に理解し、就職に向けた必要な配慮や支援を検討することを目的としています。

> ①本人の就労に関する希望・ニーズ
> ②就労のための作業遂行・職業生活・対人関係に関する現状（就労のための基本的事項）
> ③対象者と環境との相互作用の視点による就労継続のための望ましい環境

①では、次のような内容について情報収集・整理することができます。進路相談にあたり、本人の希望・ニーズを把握するうえでのヒントとなるかもしれません。

> 職歴、働く理由、希望する労働条件、希望する支援・配慮等

②では、次のような内容を情報収集・整理することができます。職場実習等を通じ、就労に向けた実態把握を行ううえでのヒントとなるかもしれません。

> **＜作業遂行＞**
> ・指示された手順に従って作業する
> ・安全に作業する
> ・決められた時間内に与えられた仕事を仕上げる
> ・正確に作業する
> ・必要とされるスピードで作業する　等
> **＜職業生活＞**
> ・職場の規則を守る
> ・欠勤、遅刻などを連絡する
> ・身だしなみを整える
> ・起床、食事、睡眠などの生活リズムを守る　等
> **＜対人関係＞**
> ・相手や場に応じた挨拶や返事をする
> ・自分の気持ち（休憩をとりたい、助けてほしい等）を相手に伝える
> ・質問・報告（作業の終了、失敗等）・連絡・相談をする
> ・感情をコントロールする　等
>
> ＊上記項目は一例。詳細についてはアセスメントシートで確認されたい。

> ツールの詳細は、障害者職業総合センターのホームページで確認することができます。

作業やストレス・疲労の課題を把握し、必要とする配慮・支援を検討するために〈就労のアセスメントツール②〉

就労に関するアセスメントを行う目的の一つは、自分の強みや課題、そして、自分の力を発揮して働くために周囲にお願いする配慮・支援等を理解することにあります。

ここでは、作業やストレス・疲労面について実態把握し、必要な配慮・支援を検討するうえで参考となるツールを紹介します。

ワークサンプル幕張版（Makuhari Work Sample：MWS）

発達障害のある人の場合、職務の遂行にあたり、作業面に困難が生じることがあります。作業面の能力の自己理解にあたっては、作業の実体験が欠かせません。

作業の経験は職場実習など実際の職場で行えるのが理想的ですが、いきなり職場に入ることに不安があるといった場合、職場以外の環境で疑似的に職務の体験ができるツールがあります。それが「ワークサンプル幕張版（以下、MWS）」です。

目的は次のとおりです。「実際に作業を体験し、その体験に基づいて自らの就労に向けた準備状態を自己評価すること」「支援者がその様子を観察・評価し、作業の体験時に起きた出来事を根拠としながら、お互いの評価をすり合わせる対話を行うこと」で自己理解の深まりを支援していきます。

・就労支援の場において、OA・事務作業や実務作業を通じて障害の状況や作業能力を把握するとともに、補完手段の確立のための支援方法を検討するために活用
・評価として用いる簡易版と、作業能力向上・補完手段の確立等のための訓練版がある

作業課題は3領域16課題から構成されています。特別支援学校高等部での活用事例もあります。市販しており、購入することができます。

・OA作業6課題（数値入力、文書入力、コピー&ペースト、ファイル整理、検索修正、給与計算）
・事務作業5課題（数値チェック、物品請求書作成、作業日報集計、ラベル作成、文書校正）
・実務作業5課題（ナプキン折り、ピッキング、重さ計測、プラグタップ組立、社内郵便物仕分）

幕張ストレス・疲労アセスメントシート（Makuhari Stress Fatigue Assessment Sheet：MS FAS）

　発達障害のある人の場合、疲労やストレスの解消が難しいことがあります。ストレスや疲労との上手なつきあい方など、自己管理に必要な対応を検討するためのツールが「幕張ストレス・疲労アセスメントシート（以下、MS FAS）」です。

　次のような内容を、対象者と支援者が一緒に整理していきます。

・どんな時に、ストレスを感じたり、疲れたりしやすいのか

・ストレスを感じたり、疲れたりしたときの、心や体のサイン

・ストレスや疲れをためないための対処方法

　アセスメントシートは、次のようなカテゴリー別に構成されています。特別支援学校高等部での活用事例もあります。

A 自分の生活習慣・健康状態をチェックする

B ストレスや疲労の解消方法を考える

C ソーシャルサポートについて考える

D これまで携わった仕事について考える

E 病気・障害に関する情報を整理する

F ストレスや疲労が生じる状況について整理する

　なお、作業に伴う疲労やストレスについては、先に紹介したMWSを体験する中で検討することもできます。

ツールの詳細は、障害者職業総合センターのホームページで確認することができます。
○MS FASのダウンロード
https://www.nivr.jeed.go.jp/research/kyouzai/33_msfas.html

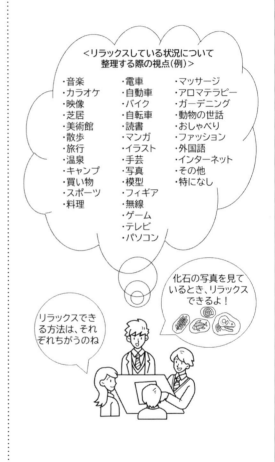

<リラックスしている状況について整理する際の視点（例）>

・音楽　・電車　・マッサージ
・カラオケ　・自動車　・アロマテラピー
・映像　・バイク　・ガーデニング
・芝居　・自転車　・動物の世話
・美術館　・読書　・おしゃべり
・散歩　・マンガ　・ファッション
・旅行　・イラスト　・外国語
・温泉　・手芸　・インターネット
・キャンプ　・写真　・その他
・買い物　・模型　・特になし
・スポーツ　・フィギア
・料理　・無線
　　　　・ゲーム
　　　　・テレビ
　　　　・パソコン

リラックスできる方法は、それぞれちがうのね

化石の写真を見ているとき、リラックスできるよ！

2 職場定着支援について教えてください

職場定着のために、職場ではどのような支援を受けることができるのでしょうか。ここでは、職場定着に関連する内容として、「合理的配慮申請」「障害者職業生活相談員」「ジョブコーチ支援」について説明します。

合理的配慮申請

合理的配慮とは

　2013（平成25）年に障害者雇用促進法が改正され、2016（平成28）年4月から障害者の採用・雇用にあたっては合理的配慮の提供が義務づけられることとなりました。合理的配慮とは、障害のある人と障害のない人の均等な機会や待遇を確保し、障害のある人が能力を発揮するうえで支障となっている事情を改善、調整するための措置です。企業における合理的配慮に関しては、厚生労働省による「合理的配慮指針」において、基本的な考え方や手続きが示されています。

　合理的配慮の手順は、「募集及び採用時」と「採用後」に分かれて示されています。「募集及び採用時」では、障害者から事業主に対して、支障となっている事情や必要な配慮の申し出を行います。それを受け、どのような合理的配慮を提供するかを障害者と事業主の間でよく話し合うことが求められています。また、「採用後」については、「配慮を必要としている障害者の把握・確認」「必要な配慮に関する話し合い」「合理的配慮の確定」「職場内での意識啓発・説明」といった手順で進めることが示されています。どちらの場面においても、障害者からの申し出や事業主からの確認によって、支障となっている事情を把握したうえで、具体的にどのような配慮を行うかについては、「障害者と事業主とでよく話し合ったうえで決める」ことが必要であることが示されています。

合理的配慮の申し出

　職場における合理的配慮について障害者から申し出る機会は大きく二つあると考えられます。一つは採用面接時です。事業主に対して、支障となっている事情や必要な配慮を申し出て、事業主との間で話し合うことになります。二つめは採用後の面談時です。事業主は相談体制の整備が義務づけられており、働く中で困ったことが生じた際には、いつでも相談することができます。さらに、それ以外にも、事業主は、職場において支障となっている事情の有無を確認することが求められており、面談等で、困っていることについて聞かれる機会があることが想定されます。そのため、まずは、働くうえでの自分自身の特徴について自己理解を深め、どのような課題が生じる可能性があり、どのような支援が必要となりそうかということについて整理することが重要です。

そもそも相談するのが苦手だったり、自分の特性についてよくわかっていなかったりするので、合理的配慮をどうやって受ければ良いのか…

　発達障害者は職場で必要な配慮について整理したり、面接等の場で説明することが苦手な場合も多くあります。働くうえでの自分の特徴や希望する配慮などについて整理するためには、「就労パスポート」などの情報共有ツールを活用することも有効です【就労パスポートについては、コラム⑩で解説】。また、配慮について検討する際には、企業でどのような合理的配慮が受けられるのかを知ることもヒントとなります。

　企業で実施されている合理的配慮の例は以下のとおりです。

表　企業で実施されている合理的配慮の例

場面	支障・申出のあった内容（例）	企業の対応（例）
募集及び採用時	聴覚過敏があるので、イヤーマフの使用を認めてほしい	耳栓、ヘッドフォン、イヤーマフなどの使用許可
募集及び採用時	職場に慣れるまで短時間勤務から始められないか	申出を受け、短時間勤務からスタートし、現在は8時間勤務で安定している
募集及び採用時	作業方法は具体的に示してほしい	理解しやすいよう、写真等の図解を用いた作業手順書を作成
採用後	特定の職員とのコミュニケーションがうまくいっておらず行き違いがある	担当者、ジョブコーチ等と話し合い
採用後	複数人から指示を受けることが苦手	指示出しをする人を一人に限定

＊出典：障害者職業総合センター（2019）合理的配慮提供のポイントと企業実践事例.

　なお、合理的配慮の提供事例については、以下で情報を得ることができます。

・合理的配慮指針事例集【第4版】（厚生労働省ホームページ）
　https://www.mhlw.go.jp/content/11600000/001075108.pdf

・障害者雇用事例リファレンスサービス　（独立行政法人高齢・障害・求職者雇用支援機構）
　https://www.ref.jeed.go.jp/

障害者職業生活相談員

　障害者職業生活相談員は、職場において障害者の職業生活全般についての相談や指導を行う担当者です。障害者雇用促進法により、障害者を5名以上雇用する事業所では、職場の従業員の中から障害者職業生活相談員を選任し、職業生活全般における相談・指導を行うことが義務づけられています。

　具体的には、「適職の選定、職業能力の向上などの職務内容」「障害に応じた施設設備の改善などの作業環境の整備」「労働条件、職場の人間関係などの職業生活」「余暇活動」などに関し、障害者から相談を受けたり、障害者に対して指導を行ったりします。障害者が5名未満の場合は、必ずしもすべての職場に在籍しているとは限らないため、担当者が選任されているかどうかは確認が必要です。

ジョブコーチ支援

　職場適応援助者（ジョブコーチ）支援は、障害者の職場適応に課題がある場合に、職場にジョブコーチが出向いて、障害特性を踏まえた専門的な支援を行い、障害者の職場適応を図ることを目的としています。

　ジョブコーチ支援の内容は大きく3種類に分けられます。一つめは、障害者本人に対する支援で、職務の遂行、職場内のコミュニケーション、健康管理や生活リズムに関することが含まれます。二つめは、事業主や職場の従業員に対する支援で、障害特性に配慮した雇用管理、配置や職務内容、障害の理解、関わり方、指導方法に関するものが含まれます。三つめは、障害者の家族に対するもので、家族の関わり方に関する助言などが含まれます。

　ジョブコーチ支援の標準的な流れは以下のようになっています。まず、「集中支援」では職場適応上の課題を分析し、集中的に改善を図ります。次に「移行支援」を実施し、支援ノウハウの伝授やキーパーソンの育成により、支援の主体を徐々に職場に移行していきます。最後に数週間から数か月に一度事業所を訪問するフォローアップを実施します。このような標準的な流れはありますが、「雇用前から」「雇用と同時に」「雇用後に」と、必要なタイミングで開始することが可能です。

ジョブコーチは企業で障害者や社員にどのような支援をしているのでしょうか？

ジョブコーチには、地域障害者職業センターに所属する「配置型ジョブコーチ」、障害者の就労支援を行う社会福祉法人等に所属する「訪問型ジョブコーチ」、自社の従業員が自社で雇用する障害者の支援を行う「企業在籍型ジョブコーチ」の三つの形があります。

　ここでは、企業在籍型ジョブコーチの支援内容についてみていきたいと思います。

図　企業在籍型ジョブコーチの頻度の多い支援内容

障害者への支援	社員への支援
① 人間関係、職場内コミュニケーション ② 職務遂行 ③ 不安、緊張感、ストレスの軽減 ④ 職務内容の調整（仕事量・就業時間） ⑤ 基本的労働習慣	① 職務遂行に係る指導方法 ② 職場の従業員の障害者との関わり方 ③ 職務内容の設定 ④ 障害に係る知識 ⑤ 医療機関、支援機関との連携

＊出典：障害者職業総合センター（2020）企業在籍型職場適応援助者（企業在籍型ジョブコーチ）による支援の効果及び支援事例に関する調査研究.

　上記の結果は、全障害を対象としたものですが、障害者への支援については、「人間関係、職場内コミュニケーション」が上位に挙げられています。発達障害者に対するジョブコーチ支援においては、当事者のコミュニケーションの特性を職場に伝え、行き違いを最小限に抑える手段を提案する橋渡しが求められており、発達障害者にとってもこの「コミュニケーション」に関する支援は重要となります。

··· コラム⑨ ···

発達障害のある人の職場での合理的配慮の特徴

　ここでは、企業で働く発達障害者を対象とした調査（障害者職業総合センター，2021）の結果から、職場で受けている合理的配慮の特徴についてみていきます。

「作業手順の簡素化・見直し等」が上位に

　調査では、合理的配慮のカテゴリとして＜職場環境整備＞＜介助・雇用管理＞の二つを設定し、カテゴリーごとに合理的配慮の項目が作成されました。そして、企業で働く発達障害者 115 名を対象に、各カテゴリーの合理的配慮の項目に対し「配慮を受けている」「必要だが、配慮を受けられていない」「必要がなく、配慮を受けていない」「わからない」から一つ選択する形でした 。

　調査の結果、＜職場環境整備＞の合理的配慮の項目として、「配慮を受けている」の選択率が高かったのは「疲労・ストレスに配慮した福祉施設・設備」、次いで「作業手順の簡素化・見直し等」でした。ただし、これらの項目は、「配慮を受けている」の選択率が高い項目であると同時に、「必要だが、配慮を受けられていない」の選択率も他の項目と比べて高い傾向がみられました。

「配慮を受けられていない」と感じている者へのケアを

　他方、＜介助・雇用管理＞の合理的配慮の項目として、「配慮を受けている」の選択率が高かったのは、「作業の負担

を軽減するための工夫」、次いで「通院・体調面等に配慮した出退勤時刻・休暇・休憩」でした。

　以上の結果から、発達障害のある人が配慮を受けやすい合理的配慮の特徴が見出されます。

　全体的には企業で働くために必要な配慮が受けられている傾向にはありますが、「配慮を受けられていない」と感じている発達障害者も一定数みられるため、必要な配慮については、適切に企業に説明をしていくことが必要です。

＜職場環境整備＞

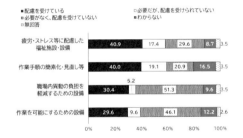

＜介助・雇用管理＞

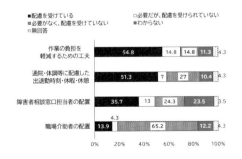

企業に情報をわかりやすく引き継ぐために〈連携ツール①〉

発達障害のある人の職場定着を支えるうえで、教育や福祉から企業に必要な情報を引継ぎ、共有することが求められています。ここでは、「就労パスポート」について紹介します。

「就労パスポート」とは

障害のある人が働くうえでの自分の特徴やアピールポイントや、希望する配慮などを就労支援機関と一緒に整理し、就職や職場定着に向け、職場や支援機関と必要な支援について話し合う際に活用できる情報共有ツールです。

①から⑤の五つが設定されています。「①職務経験」「②仕事上のアピールポイント」「③体調管理と希望する働き方」「④コミュニケーション面」「⑤作業遂行面」の五つの項目があります。

様式の特色として、企業が情報を把握しやすいよう、チェック項目が複数設定されていたり、これを補足説明する自由記述欄が設定されたりします。

利用場面

「就職活動段階」では、職場実習や採用面接時に、職場の担当者に職務の設定などの参考にしてもらうといった使い方が想定されます。

「就職後」には、就職時に上司や同僚などに体調の把握や作業指示、コミュニケーションなどにおいて参考にしてもらったり、就職して一定期間が経過した後では、自分に必要な配慮の実施状況の確認や、配慮してほしい内容の見直しの必要性の確認などに用いたりすることが想定されます。

作成にあたっての留意点

「就労パスポート」は、事業主に対し、自分の特徴や希望する配慮を伝え、職場の環境整備のために活用してもらうためのものであり、採用選考時の必須提出書類ではありません。

他方、事業主側からの意見として、就職前にこうした資料があることは、「得意なことやできることがわかり、その人に何を担当してもらうか考えるうえでの参考になる」「アピールポイントや自分で対処していることについての記載もあると、自分で努力できる人だということがわかり安心する」というものがあります。

就労パスポートを作成するかどうか、作成したものを誰に見せるかなどを最終的に決めるのは本人自身です。支援者などに相談しながら決めると良いでしょう。

図 「就労パスポート」(厚生労働省)より一部抜粋

就労パスポートは、厚生労働省のHPからダウンロードできます。↓
https://www.mhlw.go.jp/stf/seisakunitsuite/bunya/koyou_roudou/koyou/shougaishakoyou/06d_00003.html

3 就労・自立を支援する相談・支援機関について教えてください

> 障害は個人の特性と環境のミスマッチから生じるものなので、その対応は個人で抱え込むべき問題ではありません。地域の資源とつながりながら社会と一緒に対応していくべきものです。地域には、無償で就労について相談にのってくれたり、仕事や生活上の困りごとに対してサポートを行ってくれたりする機関があります。本人のニーズや困りごとに応じた機関を積極的に活用しましょう。

ハローワーク（公共職業安定所）

　国（厚生労働省）が運営する相談機関で、全国500か所以上に設置されています。「就職に関する相談」「就職面接の受け方、応募書類づくり等についての助言」「適性や希望を踏まえた職場・職業の紹介」「雇用保険の受給手続き」等、さまざまなサービスを受けることができます。仕事を探す場合、以下のサイトから、まずはどのような仕事がありそうか検索することができます。

> ハローワークインターネットサービス　求人情報検索
> https://www.hellowork.mhlw.go.jp/member/mem_top.html
> ＊学生や障害のある人もこちらから検索することができます。
>

　また、ハローワークの利用登録（名前、住所、電話番号、希望職種、収入、休日や職業履歴その他の条件を登録）を行うことで、担当者から求人情報の提供や職業紹介、応募書類の作成、面接のアドバイスなどの就職支援を受けることができます。

　障害者雇用を希望する場合は、障害者専門窓口のある最寄りのハローワークに行く必要があります。障害者専門窓口では専門の職員・相談員が配置されており、求職申し込みから就職後のアフターケアまで、一人ひとりの状況やニーズに応じた支援を行っています。

　ハローワーク等で職業紹介を受け、条件が合えば、求職者と事業主のミスマッチを防ぐ取り組みである「トライアル雇用求人」に応募できます。企業で一定期間（原則3か月）試しに働いて（賃金が支払われます）、そこでの業務や職場が本人にあっているかどうかを検討できる制度です。求職者と事業主がお互いを理解したうえで無期雇用に移行できるので、就職後も安心して仕事を続けることができます。

発達障害者支援センター

　発達障害児者の就労、医療、教育、福祉に関する支援を総合的に行う機関です。2023（令和5）年1月時点で全国97か所に設置されています。保健、医療、福祉、教育、労働などの関係機関と連携しながら、発達障害の診断（もしくは疑い）のある人およびその家族、関係者からの相談

に応じたり、各種研修等を実施したりしています。

　個別の相談支援に重点を置くセンターがある一方で、個別相談は市町村に一時対応を担ってもらい、そのバックアップを担うセンターがある等、個々のセンターにより特色があります。直接相談では、就労に関することだけでなく、家庭生活のこと、対人関係に関すること、健康・医療に関すること等多種多様な内容が扱われており、関係機関や制度に関する情報提供も行われています。

地域障害者職業センター

　ハローワーク等の関係機関と密に連携をとりながら、職業評価、職業準備支援、職場適応援助者による支援等、職場適応支援を実施している機関です。各都道府県に1か所ずつ（北海道、東京、愛知、大阪、福岡には支所が1か所）設置されています（全52か所）。

　職業準備支援では、一般企業で働く際に求められることが多い「セルフマネジメントスキル」（継続的な他者からの援助や指示を受けることなく目標を達成できるよう、自分の行動を管理するスキル）の獲得に向けた支援等が行われています。支援を受ける中で得た気づきを基に自分の特徴（得意・苦手なこと）や環境との相性（自分の力を発揮しやすい・しにくい環境）、周囲に支援・配慮を求めたいこと等を整理した「ナビゲーションブック」（自分の取扱説明書）の作成支援も行っています。「ナビゲーションブック」の作成により、自分の特徴への理解が深まり、必要な支援や配慮を企業に求める態度が醸成されることが期待できます。

　【職業評価については、パート2「1就職支援のポイントを教えてください」で解説しています。また、職場適応援助者（ジョブコーチ）による支援については、パート2（73頁）で解説しています。】

障害者就業・生活支援センター

　就労だけでなく、日常生活、社会生活も含めた職業生活全般におよぶ支援を一体的に実施する相談機関で、2023（令和5）年4月時点で全国337か所に設置されています。就労に関する支援としては、職場実習を含む就職の準備を整えるための訓練のあっせんや就職活動または就職の後の働き方に関する相談等が行われています。生活面の支援としては、規則正しい生活リズムの形成、ストレスや疲労、疾病の管理、金銭管理に関する支援等の日常生活に関する助言、住居、年金、余暇活動など地域生活、生活設計に関する助言を受けることができます。

　障害者就業・生活支援センターの運営法人の多くは、就労継続支援B型事業所や就労移行支援事業所といった就労系障害福祉サービス機関も運営しているので、職務遂行に必要なスキル獲得を目的とした訓練に円滑につなげることができます。就労系障害福祉サービスだけでなく、医療機関、学校、ハローワーク、地域障害者職業センターなど関係機関と連携し、地域の就労支援ネットワークのハブのような存在として機能しています。

　就労系障害福祉サービス機関については、パート2（86頁）で解説しています。

自治体の就労支援機関

　社会の就労支援ニーズの拡大に応じ、地方自治体が独自に「（区市町村名）障害者就労支援センター」といった名称の支援機関を設置しています。事業内容は障害者就業・生活支援センターと同様で、就労全般に関する相談支援、規則正しい生活リズムの調整に関する支援、健康管理や金銭管理、将来設計等に関しての相談・助言など、就職準備から職場定着までにわたる幅広い支援を提供しています。

相談支援事業所

　障害のある人の福祉に関するさまざまな問題に関する相談に応じ、必要な情報の提供、障害福祉サービスの利用支援等を行っています。就労に関しては、面談を通して相談者の状況を踏まえた就労系障害福祉サービス機関の紹介等を行っています。

　就労系障害福祉サービスを含む福祉サービスを受けるために必要なのが、「サービス等利用計画」で、これは相談支援事業所が作成します。サービス等利用計画は福祉サービスの利用に際し希望する支援の内容・解決すべき課題・支援の計画などを記したもので、就労移行支援事業所等が実施する就労面のアセスメントの結果や特別支援学校や高等学校等からの「個別の教育支援計画」等の生活面の情報（生活習慣、家庭の状況等）、相談支援事業所が自ら実施したアセスメントの結果、および本人の希望・ニーズを踏まえて作成されます。そして、利用計画を作成した当時の本人の就労に関する知識・技能・態度等がサービス利用によってどのように変化しているか定期的に確認します。

　本人が福祉的就労ではなく、企業等での就労、すなわち、一般就労を希望しており、一般就労への移行の準備が整った場合は、各支援機関が連携し、一般就労への移行支援を行うことになっています。また、一般就労の継続が困難になり、就労系障害福祉サービスを利用することになった場合もサービス等利用計画が作成されます。

　その他、入所施設や精神科病院等の退所・退院者が地域での生活に移行し継続できるようにするための支援や、賃貸契約による一般住宅に入居したいが、保証人がいない等の理由により入居が難しい障害のある人について、入居に必要な調整等にかかる支援等を行っています。

基幹相談支援センター

　身体障害、知的障害、精神障害（発達障害を含む）のある人の相談支援を総合的に行っています。地域における相談支援の中核的な役割を担う機関として、相談支援事業者間の連絡調整や関係機関の連携の支援も行っています。また、知的障害や精神障害のある人のうち判断能力が不十分な人について、障害福祉サービスの利用契約の締結等が適切に行われるよう、成年後見制度の利用を支援する事業も行っています。

地域若者サポートステーション

　雇用、教育または訓練に従事していない15歳〜49歳の人を対象に、就職活動から職場定着に及ぶ支援を行っています。2021（令和3）年度時点で全国177か所に設置されています。

　進路が決まらないまま学校を中退・卒業した人が就労支援サービスにつながるよう、希望に応じて職員が自宅や学校に訪問して相談にのるアウトリーチ型相談も実施しています。

　なお、学校との連携について、以下のサイトで事例を確認することができます。

＜教育機関のみなさまへ＞
https://saposute-net.mhlw.go.jp/educational.html

図 就職に向けた相談ニーズに対応する機関

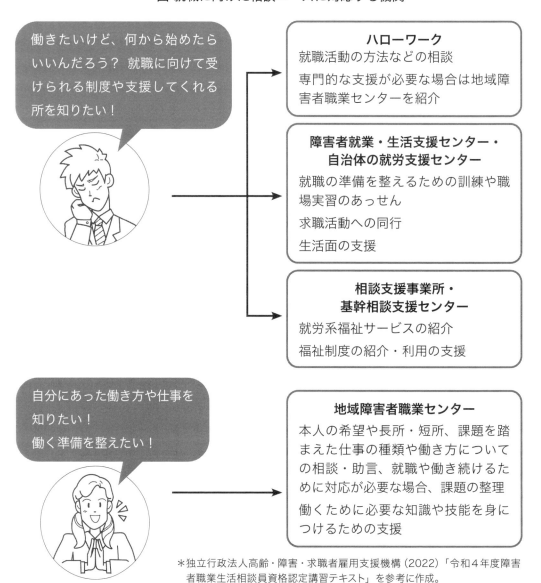

＊独立行政法人高齢・障害・求職者雇用支援機構（2022）「令和4年度障害者職業生活相談員資格認定講習テキスト」を参考に作成。

図 就職活動・働き続けるための相談ニーズに対応する機関

就職活動を始めたい！
自分に合った就職先を知りたい！

ハローワーク
求職申し込みをした人の希望や特徴を踏まえた職業紹介（場合により同行紹介も実施）

紹介された職場で働き続けることができるかどうか試してみたい！

ハローワーク
事業主と有期雇用契約を結び3か月間、試しに働くことができるトライアル雇用
※在籍している学校を卒業する日の属する年度の1月1日を経過している者であって卒業後の就職内定がない者

職場で専門的助言を受けて働くことで働きやすい環境を整えたい！

地域障害者職業センター等
職場で働く様子を観察し、つまづきの解決方法を共に検討する職場適応援助者の派遣

うつ病等で休職していたが元の職場に復帰したい場合は…

地域障害者職業センター
主治医等、医療機関と連携し職場復帰に向けた職場の受け入れ体制の整備やウォーミングアップ等を行うリワーク支援

＊独立行政法人高齢・障害・求職者雇用支援機構（2022）「令和4年度障害者職業生活相談員資格認定講習テキスト」を参考に作成。

図 日常生活の悩みも含めた総合的な相談ニーズに対応する機関

職場や日常生活での悩みを相談したい！

障害者就業・生活支援センター・自治体の就労支援センター

日常生活等に関する助言や就労に関する相談、担当者による職場訪問等、就業と生活の一体的な相談・支援

賃貸契約で一般住宅に入居したいが、保証人がいない…

相談支援事業所

入居に必要な調整等、地域生活を送るために必要な支援

"発達障害"と診断されたけれど、職場や日常生活でどのように対応したらいいかわからない！

発達障害者支援センター

発達障害の特徴についての情報提供や対処法についての助言

親亡き後、わが子が適切な福祉サービスに繋がり続けることができるか心配…

基幹相談支援センター

成年後見制度の申請に要する費用の全部または一部を助成

＊独立行政法人高齢・障害・求職者雇用支援機構（2022）「令和4年度障害者職業生活相談員資格認定講習テキスト」を参考に作成。

就労支援機関の利用体験記 (ハヤトさんの場合)

障害者職業センター、障害者就業・生活支援センターについては、パート２（78 頁）で紹介しました。各機関の利用についてイメージがわくよう、ここでは、ハヤトさんの就労支援機関の利用体験記をご紹介します。

地域障害者職業センターの利用

初職の自動車整備工場を退職した後は 、ハローワークに通い職業紹介してもらったり、会社説明会に参加したり、求人広告に応募してみたり、いろいろ動いてみましたが進展せず、この先どうすれば良いかわからない状況が続いていました。そんな時、障害者職業センターの利用ができることを知りました。職業評価を通し、初めて取り組むことは苦手であることがわかりました。配慮を得て働くために、障害者手帳の取得を決意することは、今までの努力を否定されているようで気が重い決断でした。しかし、思い切って、「職業準備支援」という職業準備訓練を受けることを決めました。

8 週間のプログラムでは、障害のあるさまざまな年齢の方と一緒に仕事体験を行う中で、自分の障害特性や職業上の課題を把握したり、職業に関する知識や、職場での対人技能やストレス対処等を学んだりしていきました。

決められた作業内容を決められた手順で行うことは案外難しいことで、手順を少しでも間違えると良い製品ができないことも学びました。また、自分から進んで仕事をすることや、人と比べない仕事の取り組み方を学ぶことができました。カウンセラーの人にも相談しやすく、無理をしなくていいという安心感がありました。また、新しい仲間との交流も楽しく、障害者手帳を持つことへのこだわりも次第になくなっていき、今後も安心できる環境の中で仕事や生活をしたいと思うようになりました。

離職後も継続して利用

障害者職業センターには、離職した際にもお世話になりました。「仕事が続けられなかったということでなく、キャリアアップのために転職するということにしませんか？」というカウンセラーの方の一言で、気持ちの切り替えができ、次の仕事に向かうことができました。

障害者就業・生活支援センター

現在は、障害者就業・生活支援センターに登録し、仕事のこと、生活のことについて相談にのっていただいています。困ったときに、話をじっくり聞いていただき、心細い気持ちを救っていただきました。

最後に

今、仕事に向かえるのは、たくさんの支援者の方に助けられ、励ましていただいたからだと感じています。今後も感謝の気持ちを忘れずに、どのような時にも前を向いていきたいと思っています。

支援機関間で情報を共有するために〈連携ツール②〉

就労に向けては、複数の機関が連携し、本人の支援を行うことも少なくありません。ここでは、「体調の安定」に焦点をあて、支援機関間で情報を共有する際に参考となるツールを紹介します。

体調の安定に向けた連携の重要性

発達障害のある人の場合、ストレス・疲労から体調不良が生じ、職業生活が難しくなることがあります。また、発達障害の二次的障害として、精神疾患が生じ、服薬コントロールが必要となることもあります。こうした場合、体調の波の管理が職業生活の鍵となるため、医療機関と就労支援機関等の間で支援対象者の心身の状態や職場での様子、困りごとなどの情報を共有することが有効です。

情報共有は医療機関による治療と就労支援機関による支援に相乗効果をもたらします。就労支援機関の見立てや支援を医療機関が把握できれば、「生活の状況に即した適切な治療」が可能になります。一方、医療機関の見立てや治療を就労支援機関が把握できれば、「心身の状態に配慮した支援」の実施が可能になります。

このような情報共有の有効性は医療機関と就労支援機関の関係に限りません。企業との間はもちろん、学校との間においても重要な視点になると考えます。

情報共有シート

しかし、いくら情報共有が支援に有効だからといっても、本人の同意なく支援機関間で情報を共有することはできません。本人が情報共有の意義を理解したうえで、本人が情報を共有したい相手に必要な情報を伝えることが望まれます。

障害者職業総合センターが開発した「情報共有シート」は障害のある人が自分の状況を「見える化」し、その情報を関係者と共有するためのツールです。

シートには「睡眠」「食事」「服薬」などの生活の状況、「体調」や「意欲」「疲労」などの心身の状況、「体調を維持するための対処」の実施状況、「仕事」「日中活動」の内容等を記録します。

A4用紙1枚程度に、1、2週間分の状況を記録したシートを本人が情報共有を希望する相手に見せることで情報共有を行います。

自身の体調の管理は、学校段階から少しずつ身に付けていくことが望まれます。体調面について、本人と学校、関係機関間で情報共有するうえで、本ツールを参考とした取り組みができると良いでしょう。

> 「情報共有シート」の詳細は、障害者職業総合センターのホームページで確認することができます。

特別支援教育コーディネーターと連携した就労支援

　ここでは、特別支援教育コーディネーター（以下、特支 CO. とする）と連携した就労支援の留意点を解説します。

欠かせない校内外、多くの機関との連携

　発達障害のある高校生の就労支援には、校内外の連携が欠かせません。これは、本人の進路実現が、個別性の高いものとなるためです。実際、本人の進路実現までに、たくさんの専門機関とのかかわりが必要になる場合があります。特に、障害者雇用での就労を目指す場合、多くの機関との連携が必要になります。

　障害者雇用の求人情報は、ハローワークで手に入れます。職業評価や地域の企業の情報提供は、地域障害者職業センターで受けます。障害者雇用に関連するサービスは、精神障害者保健福祉手帳や療育手帳の取得が前提となります。支援の過程で手帳取得を進める場合には、児童相談所ともかかわりを持ちます。

　ところが、高等学校では、就職先との情報交換や連携、あるいは知識や情報の入手について、関心が十分に集まらないようです。こうした対応以上に関心が集まるのは、出身中学からの引継ぎや保護者との連携のようです（和田ら，2017）。確かに、こうした情報収集は、日々の指導の充実に直結します。しかし、発達障害のある高校生は、卒業した後も支援を必要とする場合があります。本人が就労を希望するのであれば、本人の卒業後のニーズを想定しながら、先述の専門機関との連携を図ることは、本人の社会適応のために重要となります。

多機関との連携の要として機能

　校内外の連携の中心は、特支 CO. が担います。これは、特支 CO. に就労支援をすべてお任せする、ということではありません。実際、学校全体の進路指導は、進路指導部が担当します。生徒との対話を通したニーズの把握も、担任が中心となるでしょう。こうした取り組みにより、自分にとって希望する働き方とは何か、自分がその働き方に見合う能力を発揮できるか、困難を感じたときに相談できるところはどこか、といったことを明らかにすることが期待されます。一方、取り組みには時間がかかります。特に、認知特性や職業適性の把握といった個別性の高い取り組みについては、特支 CO. の活躍が期待されます。

　ただし、特支 CO. も万能ではありません。障害者雇用や障害者福祉の領域に精通することは大変な時間と労力を要します。そこで、本人の支援が円滑に進むように、特別支援学校のセンター的機能の活用を考えることが大切です。特別支援学校は、障害のある生徒の就労支援に関するノウハウを蓄積しています。積極的な活用により、本人の就労支援が効果的に行われることが期待されます。

4 就労・自立に向けた訓練を行う機関について教えてください

職業能力開発校

> 地域には、就職に向けた準備状況を高めるために、職業能力の向上を支援してくれる機関や、職業生活に向けた基本的な準備性の獲得を支援してくれる機関があります。各機関には特徴があり、また、各事業所の取り組みにも特色がありますので、本人のニーズや困りごとに応じた機関、また、事業所の利用について検討することが必要です。

職業能力開発校

　障害のある人が、職業訓練を通じて、仕事に必要な技術や知識を身につけ、働く準備を行う機関です。職業能力開発促進法に基づき、国および都道府県が設置しています（**表「障害者職業能力開発校の種類と数」参照**）。

　訓練科目は、学校により違います。例えば、ビジネスマナーや一般常識、就職に必要な基礎能力、自分に合った就職を目指すこと、専門知識や技能についての科目があります（**表「障害者職業能力開発校の訓練科目の例」参照**）。また、入所方法も、学校により違います。例えば、東京障害者職業能力開発校では、筆記試験、作業評価、作文、機能検査（筆記、実技）、面接、医療検査、作業療法士検査、適性検査、適応検査を受ける場合があります。受講を希望する場合は、地域のハローワークへ相談しましょう。

表．障害者職業能力開発校の種類と数

種類	数
障害者職業能力開発校 （国が設置し、独立行政法人 高齢・障害・求職者雇用支援機構が運営）	2
障害者職業能力開発校（国が設置し、都道府県が運営）	11
障害者職業能力開発校（都道府県が設置・運営）	6
障害者の訓練コースのある一般の職業能力開発校（2022 年度）	22
発達障害者の訓練コースのある一般の職業能力開発校（2022 年度）	3

＊厚生労働省ホームページのハロートレーニング（障害者訓練）を参考として作成

表　障害者職業能力開発校の訓練科目の例

科目名	定員	訓練期間	対象	主な訓練内容
就業支援	10	3か月	精神・発達・身体	社会生活（問題解決技法・職場対人技能・セルフコントロール）、適応作業実習、個別面談
調理・清掃サービス	10	6か月	精神・発達・身体	調理概論、清掃概論、調理基本作業、清掃基本作業、社会生活スキル
オフィスワーク	10	6か月	精神・発達・身体	パソコンの基礎知識、文書作成、表計算、プレゼンテーション、経理事務、社会生活スキル
グラフィックDTP	15	1年	精神・発達・身体	印刷物作成作業、DTPソフト（画像処理、図形作成、編集レイアウト）、DTP制作等
ものづくり技術	10	1年	精神・発達・身体	手工具による加工、電子部品組立て、CADの操作、組立・制御作業、各種機械の取扱い等
建築CAD	10	1年	精神・発達・身体	建築製図、建築計画、建築構造、建築法規、建築生産、CAD操作、建築製図作業、建築設計作業等
製パン	10	1年	精神・発達・身体	食品概論、衛生学、パン製造額、パン製造実習、菓子製造実習、社会生活スキル

＊東京障害者職業能力開発校ホームページを参考として作成

就労移行支援事業所

　一般企業等に就職して、安定して働き続けるための訓練・支援を行う機関です。全国に3,000か所以上の事業所があります（2021(令和3)年時点）。障害のある人の日常生活や社会生活を支援するための法律である障害者総合支援法にある障害福祉サービスのうちの一つです。

　対象者は、就労を希望する障害のある人で、一般企業に就職できると見込まれる人です。利用期間は、原則2年間（必要性が認められた場合に限り、最大1年間の更新可能）です。

図. 就労移行支援の利用の流れ（イメージ）

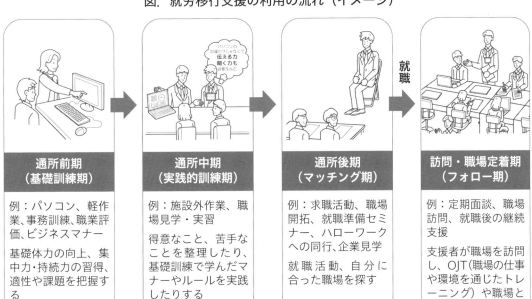

通所前期（基礎訓練期）	通所中期（実践的訓練期）	通所後期（マッチング期）	訪問・職場定着期（フォロー期）
例：パソコン、軽作業、事務訓練、職業評価、ビジネスマナー 基礎体力の向上、集中力・持続力の習得、適性や課題を把握する	例：施設外作業、職場見学・実習 得意なこと、苦手なことを整理したり、基礎訓練で学んだマナーやルールを実践したりする	例：求職活動、職場開拓、就職準備セミナー、ハローワークへの同行、企業見学 就職活動、自分に合った職場を探す	例：定期面談、職場訪問、就職後の継続支援 支援者が職場を訪問し、OJT（職場の仕事や環境を通じたトレーニング）や職場との交渉・調整を行う

＊社会福祉法人やまびこの里（2013）「就労移行支援事業所のための発達障害のある人の就労支援マニュアル」を参考として作成.

主なサービスの内容は、「就労に必要な知識や能力の向上のための訓練」「求職活動の支援」「利用者の適性に応じた職場の開拓」「就職後の職場への定着のために必要な相談や支援」です。事業所を選ぶときには、自分と同じ障害のある人の利用があるか、就職の実績、自分に合ったプログラムがあるかどうかを確認できると良いでしょう。

就労継続支援 A 型事業所

雇用契約を結んだうえで、支援のある職場で、就労や生産活動の機会を提供し、就労に必要な知識および能力の向上のために必要な訓練・支援を行う機関です。全国に 4,000 か所以上の事業所があります（2021(令和 3) 年時点）。障害のある人の日常生活や社会生活を支援するための法律である障害者総合支援法にある障害福祉サービスのうちの一つです。

対象者は、一般企業等で雇用されるのが難しい障害のある人で、適切な支援により雇用契約に基づき、継続的に就労することが可能な人（利用開始時 65 歳未満）です。「就労移行支援事業所を利用したが、企業等の雇用に結びつかなかった人」「特別支援学校を卒業して就職活動を行ったが、企業等の雇用に結びつかなかった人」「就労経験があるが現在雇用されていない人」が挙げられます。利用期間の制限はありません。基本的には最低賃金以上の賃金が支払われます（**表「2021 年度の就労継続支援事業所の工賃（賃金）」参照**）。

主なサービスの内容は、「雇用契約に基づく就労の機会や生産活動の機会などの提供」「一般就労に必要な知識および能力の向上のための訓練」「一般就労への移行に向けた支援」です。訓練内容は、事業所によって異なります。

図　就労継続支援 A 型事業所の生産活動

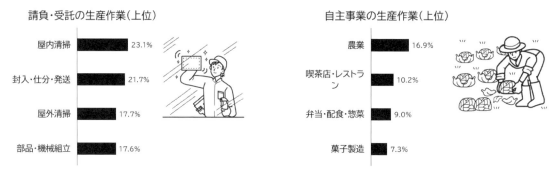

請負・受託の生産作業（上位）

屋内清掃	23.1%
封入・仕分・発送	21.7%
屋外清掃	17.7%
部品・機械組立	17.6%

自主事業の生産作業（上位）

農業	16.9%
喫茶店・レストラン	10.2%
弁当・配食・惣菜	9.0%
菓子製造	7.3%

＊ NPO 法人就労継続支援 A 型事業所全国協議会（2017）「就労継続支援 A 型事業の課題と今後のあり方について」を参考に作成。

就労継続支援 B 型事業所

雇用契約に基づく就労が難しい障害のある人に対し、生産活動の機会の提供など、就労に必要な知識や能力の向上のための訓練・支援を行う機関です。全国に 14,000 か所以上の事業所があります（2021(令和 3) 年時点）。障害のある人の日常生活や社会生活を支援するための法律

である障害者総合支援法にある障害福祉サービスのうちの１つです。

　対象者は、「就労経験がある人で、年齢や体力の面で一般企業に雇用されることが難しくなった人」「50歳に達している人または障害基礎年金１級受給者」「就労移行支援事業者等による就労アセスメント（面談や作業観察等により、対象者の作業能力、就労意欲、集中力等の就労面の情報を把握する）により、就労面に係る課題等の把握が行われた人」です。特別支援学校等在学者が卒業後すぐに利用を希望する場合にも就労アセスメントが必要となります。利用期間の制限はありません。また、工賃が支払われます（**表　2021年度の就労継続支援事業所の工賃（賃金）**参照）。

　主なサービスの内容は、「生産活動などの活動の機会の提供（雇用契約は結ばない）」「就労に必要な知識および能力の向上のために必要な訓練」「その他の必要な支援」です。訓練内容は、事業所によって特徴があります（**図　就労継続支援B型事業所の生産活動** 参照）。

　主なサービスの内容は、（１）生産活動などの活動の機会の提供（雇用契約は結ばない）、（２）就労に必要な知識および能力の向上のために必要な訓練、（３）その他の必要な支援です。

表　2021年度の就労継続支援事業所の工賃（賃金）

施設種別	平均工賃（賃金）	
	月額	時間額
就労継続支援A型事業所	81,645円	926円
就労継続支援B型事業所	16,507円	233円

＊厚生労働省ホームページを参考として作成

図　就労継続支援B型事業所の生産活動

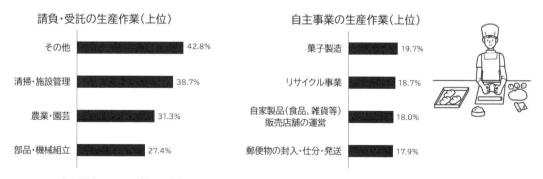

＊厚生労働省 (2022)「就労系障害福祉サービスにおける経営実態等調査」を参考として作成。

その他機関 [自立訓練事業所（生活訓練）]

　知的障害や精神障害（発達障害を含む）のある人に、自立した日常生活を行うために必要な訓練や、生活等に関する相談・支援を行う機関です。全国に1,400か所以上の事業所があります（2021（令和３）年時点）。これは障害のある人の日常生活や社会生活を支援するための法律である障害者総合支援法にある障害福祉サービスのうちの一つです。

対象者は、地域で生活するうえで、生活能力の維持・向上などのため、一定の支援が必要な障害のある人です。例えば、「入所施設や病院を退所・退院した人」「特別支援学校を卒業した人」「継続した通院により症状が安定している人」等が挙げられます。利用期間は原則２年間（長期入院などの理由により３年間）です。

　主なサービスの内容は、通所や訪問による、「入浴、排せつ、食事など自立した日常生活を営むために必要な訓練」「生活などに関する相談、助言」「その他の必要な支援」が挙げられます。訓練内容は、事業所によって異なります。

図　訓練や支援内容の例（自立訓練事業所）

日常生活動作・社会生活訓練

例：内服薬の管理指導・訓練、健康管理の指導、買い物等の外出訓練、コミュニケーション訓練など

活動支援

例：作業・創作活動、余暇活動、スポーツ活動、音楽療法、園芸療法など

地域移行・社会参加に向けた支援

例：関係機関や市町村、学校や職場との連絡調整、事業所見学同行、実習支援など

＊社会福祉法人千葉県身体障害者福祉事業団（2019）「「自立訓練（機能訓練、生活訓練）の実態把握に関する調査研究」報告書」を参考として作成

その他機関 [放課後等デイサービス]

　障害のある子どもに、学校の授業の終了後や休業日に、生活能力の向上のために必要な訓練や、社会との交流の促進等を行う機関です。全国に 17,000 か所以上の事業所があります（2021（令和 3）年時点）。2012（平成 24）年に児童福祉法に位置づけられた比較的新しいサービスです。

　対象者は、学校教育法に規定する学校（幼稚園、大学を除く）に就学している障害のある子ども（小学生から高校生（6 歳〜 18 歳。状況により 20 歳まで利用できる））です。

　主なサービスの内容は、「自立支援と日常生活の充実のための活動」「創作活動」「地域交流の機会の提供」「余暇の提供」です（**表「放課後等デイサービスの基本活動」**参照）。これら四つを基本としつつも、活動の現状は事業所によりさまざまです。中には、就労準備に力を入れている事業所もあります。

　利用にあたっては、学校と放課後等デイサービスが連携し、子どもが混乱しないよう、学校と放課後等デイサービスの取り組みの一貫性に配慮することが求められています。

表　放課後等デイサービスの基本活動

主なサービス内容	説明
自立支援と日常生活の充実のための活動	子どもが意欲的に関われるような遊びを通して、成功体験の積み増しを促す
創作活動	自然に触れる機会を設け、季節の変化に興味を持てるようにする等
地域交流の機会の提供	子どもの社会経験の幅を広げる。放課後等に行われている多様な学習・体験・交流活動等との連携、ボランティアの受入れ等により、積極的に地域との交流を図る
余暇の提供	多彩な活動プログラムを用意し、ゆったりとした雰囲気の中で行えるように工夫する

＊厚生労働省（2015）「放課後等デイサービスガイドライン」を参考として作成。

図. 訓練や支援内容の例（放課後等デイサービス）

自立支援と日常生活の充実のための活動
例：基本的な日常生活動作（ADL）の自立の支援。運動、体を動かすこと。トレーニング・訓練。

創作活動
例：お絵描き。習字。生け花。本の読み聞かせ。創作ダンス。お菓子づくり。季節ごとの農作物づくり。

地域交流の機会の提供
例：子どもから高齢者まで多様な世代との交流。外部団体との交流（学童やボランティアクラブ）。地域交流食。

余暇の提供
例：外出、野外活動や外部公共施設利用の機会の提供。調理・料理・食育に関すること。音楽活動。ダンス・体操・ヨガ。

職場の基本的ルールの学習のために〈就労準備ツール①〉

働くうえでは、職場にさまざまなルールがあることを知っておくことが重要です。ここでは、職場の基本的ルールの学習を行ううえで参考となるツールを紹介します。

ワーク・チャレンジ・プログラム

職場には、就業規則のような明文化されたルールの他、あいまいな規範や暗黙のルールも少なくありません。こうした職場における基本的ルールの学習について就労支援の現場で取り組めるよう、障害者職業総合センターによって開発されたのが「ワーク・チャレンジ・プログラム」です。

プログラム全体は、職場を模した訓練場面を前提として、1回あたり140分、前期と後期に分かれた合計17回分の教材から構成されています。週4回半日実施し、1か月程度で終了することを見込んでいます。

場面設定は、「実務作業（宛名ラベルの切り取りと貼付、文書の三つ折り作業）」「事務作業（データ入力作業）」を遂行する職場を模しています。

プログラム受講者はここでは「係員」、指導員は「管理者」としての役割を担います。係員と管理者向けに研修資料が用意されています。

プログラムは毎回、「朝礼」「ワークシート」「作業遂行」「終礼」のルーティーンで行われます。すべての場面で「品質・効率・経費節減」という業務心得が通底し、場面ごとに獲得が期待される目標と実施時の留意点があります。

プログラムでの訓練と学習の状況を個別に分析することにより、個々人の職場におけるルールの理解や行動化の傾向を把握・評価し、適切な介入方法の発見と行動面の改善につなげることができます。

本プログラムは就労支援を行うそれぞれの現場に合わせアレンジすることもできます。学校において、本プログラムを参考とした実践を行うことも考えられるでしょう。

図　ワーク・チャレンジ・プログラムの全体像

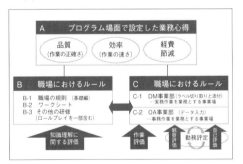

図　「就労パスポート」(厚生労働省) より一部抜粋

＜ワークシートの内容例＞
良い「服装や身だしなみ」の例／話を聞くときの「姿勢」が与える印象／始業時間を守る／遅刻の連絡／毎日のあいさつ／作業中の返事／指示にしたがう／指示以外の仕事をする／わからないときの質問／作業終了の報告／ミスの報告／備品の私用利用の禁止

ツールの詳細は、障害者職業総合センターのホームページで確認することができます。
https://www.nivr.jeed.go.jp/research/kyouzai/23_challenge.html

自分のトリセツ就労版を作成するために〈就労準備ツール②〉

ここでは、自分についての理解を深め、必要な配慮・支援を考えるためのツールを紹介します。「高等学校における『通級による指導』実践事例集」でも、就労支援機関と連携した取り組みの一つとして取り上げられています。

「ナビゲーションブック」

発達障害の特徴の一つとして、職務遂行や職業生活を送るうえでの困りごとが見えづらい、必要な配慮がわかりづらいことがあげられます。これから就職する人も、すでに仕事に就いている人も、皆が障害特性を会社に理解してもらっているわけではありません。仕事として何ができるのか、今何が課題なのか、どのような配慮が必要なのか、これらの状態を整理して会社と共有することで、雇用管理に役立ててもらうツールが「ナビゲーションブック」です。

リアルな「自分の取扱説明書」

「ナビゲーションブック」は当初、全国にある地域障害者職業センターの就労支援の枠組みである職業準備支援の実施を通じて作成することが想定され開発されました。プログラムの受講者がその中での体験(例えば、コラム⑧(69〜70頁)で紹介した「ワークサンプル幕張版」などを用いた作業体験)をもとに、「自身の特徴」「セールスポイント」「障害特性」「職業上の課題」「事業所に配慮を依頼すること」について理解を深めることを想定しています。一対一での口頭によるカウンセリングによる状況整理と異なり、実際の訓練・実習といった具体的な場面やアセスメントを通じて総合的に得られる、よりリアルな「自分の取扱説明書」といえます。

「バージョンアップ」を続ける

ナビゲーションブックは、①受講者自身が主体的に作成する、②一度作成したら終わりではなくバージョンアップする、③固定化された枠(様式)にとらわれない、ということがポイントとされています。図に示した作成ステップにより、発達障害のある人自らが、自分のことを取りまとめ、説明可能な形に仕上げていきます。

このプロセスは、例えば大学在学時に合理的配慮を学校に申請するうえで、根拠資料をそろえたり、相談をしながら自らの特徴を整理・理解し、必要な支援を検討していったりするといった、「問題解決型のアプローチ」との共通性が見られます。学校段階からこうした取り組みを行っていくことが重要です。

例
セールスポイント:対人面について
・礼儀正しい対応ができます。
・挨拶はだれに対してもはっきり大きな声でできます。
・作業上必要な報告、質問は確実にできます。
苦手なこと:対人面について
・言葉の裏の意味や曖昧な表現を理解するのが苦手です。
・相手の言葉や表情から気持ちを察することが苦手です。
(対策)わからないときは質問をするようにしています。

ツールの詳細は、障害者職業総合センターのホームページで確認することができます。
https://www.nivr.jeed.go.jp/center/report/support13.html

「パート2」引用・参考文献

小川浩（2020）：職場適応援助者（ジョブコーチ）． 職リハ用語集編集委員会（編），職業リハビリテーション用語集，障害者雇用・就労支援のキーワード , 86-87.

厚生労働省（2015）：放課後等デイサービスガイドライン.
　https://www.mhlw.go.jp/stf/shingi2/0000082831.html（2023年4月10日閲覧）.

厚生労働省（2020）：平成30年社会福祉施設等調査の概況． 厚生労働省ホームページ，
　https://www.mhlw.go.jp/toukei/saikin/hw/fukushi/18/dl/gaikyo.pdf（2023年4月10日閲覧）.

厚生労働省（2022）：就労系障害福祉サービスにおける経営実態等調査.
　https://www.mhlw.go.jp/content/12200000/000929417.pdf（2023年4月10日閲覧）

厚生労働省：障害福祉サービスについて.
　https://www.mhlw.go.jp/stf/seisakunitsuite/bunya/hukushi_kaigo/shougaishahukushi/service/naiyou.html
（2023年4月10日閲覧）

厚生労働省：ハロートレーニング（障害者訓練）.
　https://www.mhlw.go.jp/stf/seisakunitsuite/bunya/koyou_roudou/jinzaikaihatsu/shougaisha.html （2023　年
　6月5日閲覧）

厚生労働省：令和3年度平均工賃（賃金）
　https://www.mhlw.go.jp/stf/seisakunitsuite/bunya/hukushi_kaigo/shougaishahukushi/service/shurou.html
　（2023年6月5日閲覧）

社会福祉法人やまびこの里（2013）：就労移行支援事業所のための発達障害のある人の就労支援マニュアル． 平成24
　年度厚生労働省障害者総合福祉推進事業　成果物.
　https://www.mhlw.go.jp/seisakunitsuite/bunya/hukushi_kaigo/（2023年4月10日閲覧）

社会福祉法人千葉県身体障害者福祉事業団(2019)：平成30年度障害者総合福祉推進事業「自立訓練(機能訓練、生活訓練)
　の実態把握に関する調査研究」報告書.
　https://www.mhlw.go.jp/content/12200000/000521833.pdf（2023年4月10日閲覧）

障害者職業総合センター（2008）：調査研究報告書No.83　軽度発達障害者のための就労支援プログラムに関する研究
　－ワーク・チャレンジ・プログラム：（試案）の開発　　　　　　　．

障害者職業総合センター(2019)：合理的配慮提供のポイントと企業実践事例～「障害者雇用制度の改正等に伴う企業意
　識・行動の変化に関する研究」企業調査結果より～． マニュアル、教材、ツール等　No.58.

障害者職業総合センター(2020)：企業在籍型職場適応援助者（企業在籍型ジョブコーチ）による支援の効果及び支援事
　例に関する調査研究 . 調査研究報告書No.152.

障害者職業総合センター（2021）：プライバシーガイドライン、障害者差別禁止指針及び合理的配慮指針に係る取り組
　みの実態把握に関する調査研究． 調査研究報告書No.157.

千田若菜（2017）：発達障害者へのジョブコーチ支援 . こころの科学 , 195, 52-56.

髙橋脩（2018）：社会福祉制度を踏まえた発達障害のある人の成人期への移行支援． 児童青年精神医学とその近接領域,
　59（5）,588-596.

東京障害者職業能力開発校
　https://www.hataraku.metro.tokyo.lg.jp/school/handi/（2023年6月5日閲覧）

みずほ情報総研株式会社（2020）：放課後等デイサービスの実態把握及び質に関する調査研究報告書． 厚生労働省 令和
　元年度障害者総合福祉推進事業.
　https://www.mhlw.go.jp/content/12200000/000654183.pdf（2023年6月5日閲覧）

和田充紀・堀ひろみ・廣島幸子・根塚明子(2017): 高等学校における特別支援教育体制および入学から進路までをふま
　えた連携に関する研究：特別支援教育コーディネーターを対象とした質問紙調査を通して . 富山大学人間発達科学部紀
　要 ,11(2), 57-64.

NPO 法人就労継続支援A型事業所全国協議会（2017）：就労継続支援A型事業の課題と今後のあり方について－就労継
　続支援A型事業所全国実態調査報告書－.
　https://zen-a.net/reports-2/20171122-1412（2023年4月10日閲覧）.

もっと知りたい
学校での実践のポイント

　パート3では、高等学校でのキャリア教育・進路指導の取り組みのイメージを深められるよう、発達障害のある生徒に対する高等学校での実践例や、実際の就労事例をまとめています。パート1で解説した「指導・支援のポイント」、パート2で解説した「制度・施策のポイント」の内容との関連を確認しつつ読むことで、取り組みに向けたヒントを得られるはずです。

　なお、発達障害のある生徒の就労について具体的なイメージが湧きにくい読者には、まずは、このパート3の就労事例から読んでいただくことをお勧めします。

高等学校での実践例から

1 全日制高校 専門学科での取り組みを教えてください

ここでは、課程や学科が異なる高等学校における進路指導に関する取り組みの実践例を紹介します。A高等学校は、全日制専門学科の高等学校です。同じ市内には、専門学科はA高等学校のみで複数の学科が設置されています。どの学科にも、発達障害のある生徒が一定数在籍しています。

A高等学校の事例紹介

学校の概要

全校生徒数・学級数（定員）

定　員：720名、1学年6学科6学級（工業系2学級、商業系2学級、農業系2学級）

＊紹介している事例は、複数の学校の実践を元にしてまとめた架空事例です。

発達障害等のある生徒の状況

　A高等学校に在籍する生徒は、小学校や中学校までに特別支援学級に在籍していた生徒や、発達障害の診断がある生徒が一定数います。また、行動面に課題があると思われる生徒が多い状況にあります。

・発達障害の診断がある生徒（在籍生徒数に対する割合）

学習障害	注意欠如・多動症	自閉スペクトラム症
0.5%	1%	1%

・教師による行動観察やチェックリストの活用により、配慮が必要と思われる生徒
（在籍生徒数に対する割合）

学習面	行動面（ⅰ）	行動面（ⅱ）
3%	3%	2%

※学習面（「聞く」「話す」「読む」「書く」「計算する」「推論する」）
※行動面（ⅰ）（「不注意」「多動性―衝動性」）　※行動面（ⅱ）（「対人関係やこだわり等」）

・特別支援学級に在籍していた生徒（在籍生徒数に対する割合）

小学校のみ	小中学校	中学校のみ
0%	3%	1%

教育課程

　通級による指導が設置されており、自校通級（生徒が在籍する学校で同校の教師から指導を受ける）で、2、3年次に2単位、替える教育課程（授業時間の中）で実施されています。その際、複数の生徒（3〜4名）に対して、複数の教師（2〜3名）が指導する体制で行われています。

校内体制

　A高等学校は、6つの学科があり、それぞれの学科が1学級で構成されていることから、入学から卒業まで同じ学級で過ごすことになります。発達障害のある生徒については、学級担任と各学科の所属職員、特別支援教育コーディネーター、通級による指導担当者が中心となって指導・支援の内容や方法等を検討しています。また、学年会や学会において、発達障害のある生徒の状況を話題にし、必要に応じて校内委員会でケース会等を行っています。また、スクールカウンセラーが常駐しており、スクールソーシャルワーカーが月に数回来校して、教師や生徒の相談に対応しています。このほか、発達障害のある生徒の指導や支援については、特別支援学校のコーディネーターや発達障害者支援センターの担当者からの助言を受ける機会を設けています。

学校全体で取り組んでいる配慮

　学校全体での取り組みとして、教室環境や授業の進め方への基本的なルールを設けることや、実習場所の構造化、指示の明確化のための共通理解を図っています。特に、実習内容によっては、危険を伴うこともあるため、手順の説明を行う際に、周囲の生徒と確認してから実習を開始することや、必要に応じて視覚的な資料を準備するなどの工夫をしています。

個々の生徒への配慮

　A高等学校には、合理的配慮の提供を受けている生徒が全校生徒の約2％程度、在籍しています。発達障害のある生徒への配慮は、次のとおりです。

　学習障害（計算する困難）の生徒については、専門教科の公式等をヒントカードとして準備することや、電卓の使用を認めるなどしています。また、σ（シグマ）やε（イプシロン）など、日常的に使用しない記号にルビをつけるなどの配慮をしています。

　注意欠如・多動症の生徒については、例えば、ペアやグループで、「作業内容を口述→作業→確認」というように短い時間での作業の積み重ねを通して、実習を行っています。

　自閉スペクトラム症の生徒については、実習の開始と終わりや、作業内容が曖昧にならないように、短く、具体的に指示することが心がけられています。また、その内容を視覚化して提供するなどの配慮を行っています。

キャリア教育・進路指導の取り組み

進路状況

A高等学校の卒業後の進路先の状況は、次のとおりです（図「A校の進路状況」参照）。

図　A校の進路状況

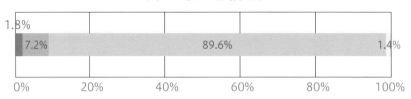

■ 大学等　■ 専修学校　■ 就職　■ 公務員

キャリア教育・進路指導の実践

A高等学校の進路指導について、「進路指導の6つの活動の視点」（文部省, 1994）を参考として、実践を紹介します。

1．個人資料に基づいて生徒理解を深める活動と、生徒の自己理解を促す活動

A高等学校では、すべての生徒を対象として、進路に関する教材として、「進路ノート（仮称）」を活用しています。この教材は、卒業後の就労に向けて取得した資格や、進路希望などをまとめるために活用しています。また、学科によっては、就労後、複数人で協働しながら作業を進めることがあることから、通級による指導等において、集団での話し合い活動や、自分の意見をまとめて説明すること、周囲の意見と折り合いをつけることなどを学ぶ機会を設けています。通級による指導は、複数の教員が担当していることから、必要に応じて個別的に指導を行う場合があります。

2．進路に関する情報を生徒へ提供する活動

A高等学校には、学校全体の進路指導やキャリア教育の中心となる進路指導部があり、各学科の教員が1名以上所属しています。進路指導に関する連携は、進路指導部と各学科、福祉や労働等との連携は、特別支援教育コーディネーターが担当するなど、役割分担をしています。進路指導部や各学科の担当者は、継続的に就労先の担当者と連携していることもあり、就労後の仕事内

容や、卒業生の状況等に関する情報を把握でき、生徒や保護者に情報提供しています。また、特別支援教育コーディネーターは、発達障害のある生徒の卒業後の支援機関の確認や、相談窓口となる担当者に関する情報提供を行っています。

3. 啓発的経験を生徒へ提供する活動

A高等学校では、1年次に各学科で複数の企業の見学、2年次に職場体験を行っています。企業の見学では、実際に働いている方との意見交換を通して、働くことの意義や、やり甲斐、大変さについて考え、発表するなどの活動を行っています。職場体験では、授業や実習で取り組んでいる内容を実際に活用する場面もあり、高等学校での学びの重要性を考える機会としています。また、各学科で3年生による進路体験発表会を開催しており、発達障害のある生徒にとって、就労後の生活の見通しがもてるよう配慮されています。

4. 進路に関する相談の機会を提供する活動

A高等学校では、進路に関する教材を活用した実践が行われており、進路希望調査とともに、学期末にその学期にあった行事や、進路に関する取り組みをまとめるようにしています。

発達障害のある生徒については、通級による指導において、希望する職種の適性の検討や、就労後の生活に向けて危惧されることの解決に向けた手立ての検討など、障害特性に応じた指導が行われています。

5. 就労に関する指導・支援の活動

A高等学校では、授業や実習の状況、生徒の性格や特性、本人の希望を踏まえて、就労先を斡旋しています。また、各学科の教員のほとんどが、履歴書への記入の仕方や、面接指導など、生徒の就労や進学に向けた個別的な指導に関わっています。発達障害のある生徒についても、このような指導・支援を通して行われていますが、通級による指導におけるコミュニケーションに関する指導として、面接に関する資料の作成や、リハーサル等の指導を行う場合があります。

6. 卒業者の支援に関する活動

A高等学校では、卒業して就労している卒業者については、各学科、進学した者については、進路指導部が中心となって、進路先との連携を図っています。就労する卒業者については、在学中に個別の移行支援計画を作成して、就労先との連携を図っています。また、各学科の教員が定期的に訪問するなどして、卒業者の状況の把握に努めています。福祉機関や労働機関を利用する卒業者については、特別支援教育コーディネーターが中心となって状況を把握しています。

保護者・関係機関との連携

保護者が不安に思ったことや気になったことなどを担任や特別支援教育コーディネーター等に相談するには、教師と保護者との信頼関係が必要です。各高等学校では、授業参観や、授業公開を定期的に行うなど、保護者や就労先、関係機関の担当者が授業や実習を参観できるようするなどの工夫を行っています。

学校と関係機関が連携するためには、それぞれの役割や背景が異なることを理解しておく必要があります。学校の教師の多くは、集団から個々の生徒に注目しますが、関係機関の担当者の中

には、個々の生徒から集団に注目する場合があります。例えば、発達障害のある生徒とつながりが深い福祉の担当者との連携について、次のような役割の違いがまとめられています。

> ～　教育と福祉の担当者が連携するために必要な観点　～
> ・教育は組織で対応しており、福祉は担当者個人が中心となって対応している
> ・制度の違いにより、用語の意味や使い方が違う
> ・違いは多角的な視点がもてるメリットでもある
> ・教育制度、福祉制度の双方の理解の促進が大切である
> ・切れ目ない支援のための連携が必要である
> ・支援ファイルや支援計画は、つながりをもたせる

　ここでは、「発達障害を含む障害のある幼児児童生徒に対する教育支援体制整備ガイドライン」（文部科学省，2017）を参考にしながら、Ａ高等学校と保護者や関係機関と連携に注目します。

中学校との連携（引継ぎ）

　Ａ高等学校は、生徒が入学する前に在籍していた中学校の生徒指導担当者や特別支援教育コーディネーターと情報交換を行う機会を設けています。その際、発達障害のある生徒等について、中学校での支援の状況や生徒の特性、在籍中のエピソード、将来の進路目標等について情報収集を行っています。また、定期考査の成績では把握が難しいと考えられる実習や演習に関する学習状況についても把握するようにしています。

入学前の保護者や生徒との関わり

　Ａ高等学校は、入学前に登校日を設け、教育課程の説明や、学校全体の指導方針、個々の生徒への配慮等について説明をしています。その際、保護者を対象として、生徒の得意なことや苦手なことについてアンケートを配付し、実態把握を行うなどの工夫をしています。また、中学校在籍時に個別の指導計画や個別の教育支援計画が作成された生徒等について、入学前に個別の面談を行い、通級による指導を受けるかどうかなどの検討をしています。

生徒の障害特性等の理解に向けて

　Ａ高等学校に入学する生徒の多くが就職を希望しており、１年次に働くことに関する適性検査を全員が受けています。この検査のフィードバックの際に、得意なことを生かす職業を例示するなどして、自己の理解や進路目標を考えるよう促しています。また、専門教科の実習では、複数名がグループとなり、役割分担・協力しながら課題に取り組みます。自分だけでなく、他人にも得意なことや苦手なことがあることを理解すると共に、グループの一員として貢献できるという自己有用感の向上につながっています。

就労先への引継ぎ

　Ａ高等学校は、各学科が就労先と密に連携していることから、発達障害のある生徒について、授業や実習で行っていた配慮の意義や内容、方法などを伝えるようにしています。特に、就労後に考えられる困難な状況を想定し、その解決方法や、配慮について引き継ぐようにしています。また、得意なことを整理して就労先に伝えることで、入社後の配属先についても配慮を得ています。

機関連携に向けた留意点

　発達障害のある生徒の中には、複数の医療機関に関わりながら服薬している生徒がいます。また、高等学校入学前から地域の発達障害者支援センターを利用するなど、複数の関係機関とつながっている生徒がいます。高等学校では、個別の移行支援計画の中に項目を設け、概要を記載するようにしています。生徒の進学先が高等学校と異なる自治体になる場合など、卒業後の支援体制について、生徒と保護者と検討しています。また、発達障害のある生徒や保護者の中には、発達障害があることを就労先に伝えずに就労することを希望する場合があります。このような場合には、福祉や労働機関など、利用できる機関を紹介しておき、将来、利用したいと考えたときには、利用できるよう情報提供をしておくことが重要です。

2 全日制高校 普通科での取り組みを教えてください

ここでは、課程や学科が異なる高等学校における進路指導に関する取り組みの実践例を紹介します。B高等学校は、全日制普通科の高等学校です。同じ市内に複数の普通科高等学校があり、比較的に発達障害等がある生徒が多く在籍しています。

B高等学校の事例紹介

学校の概要

全校生徒数・学級数（定員）

定　員：360名、1学年3学級

＊紹介している事例は、複数の学校の実践を元にしてまとめた架空事例です。

発達障害等のある生徒の状況

B高等学校に在籍する生徒は、小学校や中学校までに特別支援学級に在籍していた生徒や、発達障害の診断がある生徒が一定数います。また、行動面に課題があると思われる生徒が多い一方で、学習面にも配慮が必要と思われる生徒もいます。

・発達障害の診断がある生徒（在籍生徒数に対する割合）

学習障害	注意欠如・多動症	自閉スペクトラム症
1%	2%	2%

・教師による行動観察やチェックリストの活用により、配慮が必要と思われる生徒
（在籍生徒数に対する割合）

学習面	行動面（ⅰ）	行動面（ⅱ）
2%	4%	1%

※学習面（「聞く」「話す」「読む」「書く」「計算する」「推論する」）
※行動面（ⅰ）（「不注意」「多動性―衝動性」）　※行動面（ⅱ）（「対人関係やこだわり等」）

・特別支援学級に在籍していた生徒（在籍生徒数に対する割合）

小学校のみ	小中学校	中学校のみ
0%	2%	0%

教育課程

学校設定教科（2単位）を1、2年次に開設し、生徒の将来の社会生活に向けた準備として、生徒自身の得意なことや苦手なことに対する理解や、敬語の使い方、身だしなみ、あいさつの姿勢等について学ぶ機会を設けています。

校内体制

発達障害のある生徒については、学級担任と特別支援教育コーディネーターが中心となって指導・支援の内容を検討して、学年や職員全体で共有しています。また、校内委員会を開催して、配慮の必要な生徒の状況を確認しています。ほかにも月に数回、スクールソーシャルワーカーが来校し、教師や生徒の相談に対応しています。さらに、発達障害者支援センターの支援を受けている生徒等のケース会議の開催や、配慮が必要な生徒について、特別支援学校のコーディネーターによる助言を受ける機会を設けています。

学校全体で取り組んでいる配慮

学校全体での取り組みとして、教室環境や授業の進め方への基本的なルールを設け、共通理解を図っています。その場合、学級の生徒の状況によって、教師が判断することとして確認されています。また、授業以外にも生徒への積極的な声かけをするなど、生徒の状況を見守るようにしています。

個々の生徒への配慮

B高等学校には、合理的配慮の提供を受けている生徒が全校生徒の約1.5％程度、在籍しています。発達障害のある生徒への配慮は、次のとおりです。

学習障害（書くことが困難）の生徒については、板書の撮影や、タブレット端末の利用などの配慮をしています。また、プリントを用いた授業の場合は、ほかの生徒よりも書く量を減らしたものを準備しています。

注意欠如・多動症の生徒については、集中できる時間を把握して、「聞く」「話す」「読む」「書く」「計算する」「推論する」や、「学級全体」「小グループ」「個別」、「着席して」「起立して」「場所移動して」などを組み合わせることで、集中を維持しながら指導を行うなどの工夫をしています。

自閉スペクトラム症の生徒については、活動の見通しがもてるように授業の流れを板書したり、生徒にメモを渡したりしています。また、変更が生じる可能性があることも伝えるようにしています。

キャリア教育・進路指導の取り組み

進路状況

　B高等学校の卒業後の進路先の状況は、次のとおりです（図「B校の進路状況」参照）。

図　B校の進路状況

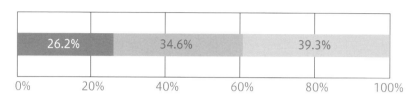

■ 大学等　■ 専修学校　■ 就職

キャリア教育・進路指導の実践

　B高等学校の進路指導について、「進路指導の6つの活動の視点」（文部省，1994）を参考として、実践を紹介します。

1. 個人資料に基づいて生徒理解を深める活動と、生徒の自己理解を促す活動

　B高等学校では、すべての生徒を対象として、進路に関する教材として、「進路ノート（仮称）」を活用しています。この教材は、将来の目標に向けて、これまでどのように取り組んできたか、これからどのように取り組むかをまとめるために作成されたものです。また、学校設定教科において、生徒の得意なことや苦手なことの把握や、周囲とのコミュニケーション等に関する指導を行っています。この教科は、複数の教員が担当しており、発達障害のある生徒については、集団における個別的な指導が受けれるようになっています。

2. 進路に関する情報を生徒へ提供する活動

　B高等学校には、学校全体の進路指導やキャリア教育の中心となる進路指導部があります。学級担任は、進路指導部との連携を通して、生徒の特性にあった就労先の情報提供を行っています。進路指導部は、就労先の担当者との連携も図っているため、就労後、困った際の相談機関や窓口、担当者について確認して、情報提供を行っています。また、特別支援教育コーディネーターは、福祉や労働機関と連携する機会があることから、発達障害のある生徒の卒業後の支援機関の確認や、相談窓口となる担当者に関する情報提供を行っています。

3. 啓発的経験を生徒へ提供する活動

　B高等学校では、2年次に校外の職場体験、3年次に休業期間を活用した職場体験を行っています。職場体験では、実際に就労を希望している職場等で働くことを通して、就労先と生徒の関係性なども把握しています。また、就労を契機に一人暮らしをする生徒がいることから、事前指導を通して、出退勤や時間の管理など、家族や学校による支援を最小限度にしながら職場体験を行っています。

4．進路に関する相談の機会を提供する活動

　Ｂ高等学校では、「進路ノート（仮称）」を活用した実践が行われており、進路に関する希望調査とともに、学期末にその学期にあった行事や、進路に関する取り組みをまとめるようにしています。その内容を参考に、学級担任が個別面談を行っています。発達障害のある生徒については、次年度の教育課程の履修登録をする時期に、進路に向けたケース会議を開催して、将来の目標を確認するとともに、福祉や労働機関の担当者から情報提供を受けるようにしています。

5．就労に関する指導・支援の活動

　進路指導部による情報提供を参考にしながら、担任や特別支援教育コーディネーターによる個に応じた具体的な指導や支援が行われます。発達障害のある生徒の中には、面接や作文等における合理的配慮の提供に係る資料の作成や、申請、リハーサル等の準備を行う場合もあります。なお、合理的配慮の提供については、就労のための試験への対策として行うものではなく、日頃から授業等で取り組んでおくことが重要です。

6．卒業者の支援に関する活動

　Ｂ高等学校では、卒業して就労している者については、進路指導部、進学した者については、学年が中心となって、進路先との連携を図っています。就労する生徒については、在学中に個別の移行支援計画を作成して、就労先との連携を図っています。また、福祉機関や労働機関を利用する生徒については、特別支援教育コーディネーターが中心となって状況を把握しています。特に、離職や転職など、環境が変わることが予想される場合には、高等学校にも連絡するよう促しています。

保護者・関係機関との連携

　保護者や関係機関の担当者との連携を充実するためには、それぞれの役割や背景が異なることを理解しておく必要があります。学校の教師の多くは、集団から個々の生徒に注目しますが、関係機関の担当者の中には、個々の生徒から集団に注目する場合があります。

　ここでは、「発達障害を含む障害のある幼児児童生徒に対する教育支援体制整備ガイドライン」（文部科学省，2017）を参考にＢ高等学校と保護者や関係機関と連携に注目します。

中学校との連携（引継ぎ）

　Ｂ高等学校は、中学校在籍時に個別の指導計画や個別の教育支援計画が作成されていた生徒を対象として引き継ぎを行っています。また、毎年６月に、中学校の教員を対象とした学校公開を行っています。学校公開では、授業参観と新入生による学校紹介、卒業した中学校ごとに新入生との懇談の機会を設けています。懇談を通して、中学校の進路指導の参考となるよう配慮しています。

入学前の保護者や生徒との関わり

　Ｂ高等学校は、入学前に保護者や本人に対して、高等学校入学時に不安だと感じていることや、入学後に必要と考える配慮があれば、気軽に申し出れるようプリントを配布しています。また、必要に応じて、入学前に学年等の関係者とのケース会を開催するなどして、小中学校在籍時のエピソードや、学校の対応等について把握するようにしています。

生徒の障害特性等の理解に向けて

　B高等学校では、全ての生徒を対象に学習や生活、コミュニケーション等に関するアンケート調査を行っています。アンケート調査の実施に当たり、人には得意なことや苦手なことがあることや、その差が大きい場合があることなど、学級の生徒に伝えてから、個々の生徒に伝えるよう配慮しています。また、学校設定教科として、コミュニケーション等に関する指導や、卒業生の体験談を聞く機会を設けるなどしています。

就労先への引継ぎ

　B高等学校では、生徒の将来の社会生活に向けた準備として、1、2年次に学校設定教科が開設されています。発達障害のある生徒が履修している場合には、就労先での困難な状況を予想して、解決に向けた準備を行っています。例えば、作業の開始終了の報告や、わからない場合の尋ね方などを学んでいます。また、電話の応対や接客など職業を希望する場合には、敬語の使い方や姿勢などを学びます。

機関連携に向けた留意点

　101頁に機関連携に向けた留意点をまとめましたので、参照してください。

3 定時制・通信制高校での取り組みを教えてください

ここでは、課程や学科が異なる高等学校における進路指導に関する取り組みの実践例を紹介します。C高等学校は、定時制（昼間部・夜間部）・通信制のある普通科高等学校です。本稿では、定時制昼間部普通科の実践に注目します。

C高等学校の事例紹介

学校の概要

全校生徒数・学級数（定員）

定時制昼間部普通科：240名、1学年2学級

＊紹介している事例は、複数の学校の実践を元にしてまとめた架空事例です。

発達障害等のある生徒の状況

文部科学省が令和4（2022）年度に実施した調査では、高等学校において、学習面又は行動面で著しい困難を示すとされた児童生徒数の割合が2.2％でした。その結果とC高等学校の状況を比較すると、配慮が必要であると思われる生徒が多く在籍しています。

・発達障害の診断がある生徒（在籍生徒数に対する割合）

学習障害	注意欠如・多動症	自閉スペクトラム症
1％	3％	4％

・教師による行動観察やチェックリストの活用により、配慮が必要と思われる生徒
（在籍生徒数に対する割合）

学習面	行動面（ⅰ）	行動面（ⅱ）
5％	7％	10％

※学習面（「聞く」「話す」「読む」「書く」「計算する」「推論する」）
※行動面（ⅰ）（「不注意」「多動性—衝動性」）　※行動面（ⅱ）（「対人関係やこだわり等」）

・特別支援学級に在籍していた生徒（在籍生徒数に対する割合）

小学校のみ	小中学校	中学校のみ
0％	10％	3％

教育課程

　通級による指導が設置されており、障害による学習上または生活上の困難の改善に向けた指導が行われています。なお、通級による指導は、自校通級で、すべての学年に2単位、替える教育課程（授業時間の中）で実施されています。その際は、生徒1名に対して、教師1～2名で指導しています。

校内体制

　小学校や中学校までに不登校を経験している生徒等が一定数在籍していることから、学年会や校内委員会で丁寧に状況の把握が行われています。発達障害のある生徒については、授業の履修や、単位の取得状況、学校での様子を共有するよう共通理解されています。その際、学級担任と特別支援教育コーディネーターが中心となって指導・支援の内容を検討して、学年や職員全体で共有しています。

学校全体で取り組んでいる配慮

　学校全体の取り組みとして、肯定的な声かけを意識することや、望ましい姿を具体的に伝え、できたら褒めるといった支援に取り組んでいます。また、プリント学習を中心としている教科・科目については、配付したプリントを綴じるファイルと時間割表の色を同じにするなどの支援を行っています。このほか、手帳を活用したスケジュールの管理や、メモをとる習慣の確立などの指導を行っています。

個々の生徒への配慮

　C高等学校では、発達障害のある生徒に対して、次のような指導や支援が行われています。

　学習障害（文章を読むことが困難）の生徒については、必要に応じてルビをつけたり、授業の説明に際して、生徒が知っている言葉に言い換えたりしながら確認するなどの指導をしています。

　注意欠如・多動症の生徒について、不注意な間違いが多い場合には、他の情報に影響を受けやすいのか、わずかな情報ですぐに判断してしまうのか等の状況を確認しながら、必要な情報に注目するなどの指導をしています。

　自閉スペクトラム症の生徒については、感覚の過敏への対応や、学習や作業内容を伝える際に、具体的内容で短く簡潔な文章や、メモを用いるようにしています。また、理解できているかどうかを確認するために、自分が何をするかを説明するよう促すなどの機会を設けています。

キャリア教育・進路指導の取り組み

進路状況

　C高等学校の卒業後の進路先の状況は、次のとおりです（図「C校の進路状況」参照）。

図　B校の進路状況

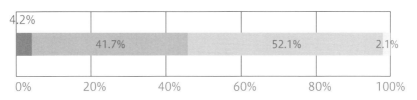

- ■ 大学等　■ 専修学校　■ 就職　■ 公務員

キャリア教育・進路指導の実践

　C高等学校の進路指導について、「進路指導の6つの活動の視点」（文部省，1994）を参考として、実践を紹介します。

1．個人資料に基づいて生徒理解を深める活動と、生徒の自己理解を促す活動

　C高等学校では、すべての生徒を対象として、入学時に生徒が学習や生活について、困っていることや不安なことについてのアンケート調査を実施しています。同時に、教師が生徒の学級や授業での様子を観察しながら、チェックリストを活用した実態把握を行っています。教師は配慮が必要と判断したものの、生徒が配慮を必要としていない場合や、教師は配慮が必要ないと判断したものの、生徒が配慮を求めている場合などの状況がある場合については、個別に面談の機会を設けるなどしながら対応しています。

2．進路に関する情報を生徒へ提供する活動

　C高等学校には、学校全体の進路指導やキャリア教育の中心となる進路指導部があります。進路指導部は、大学や専門学校、就労先の担当者を定期的に招いて説明会を行ったり、実際に見学する機会などを設けたりしています。また、学級担任は、福祉や労働機関 と連携する機会があることから、発達障害のある生徒の卒業後の支援機関の確認や、相談窓口となる担当者に関する情報提供を行っています。

3．啓発的経験を生徒へ提供する活動

　C高等学校では、申請によりアルバイトをすることが認められており、2年次に職場体験を行っています。職場体験の事前指導では、遅刻しそうになった際の対応や、欠席の連絡、指示のあっ

た作業が終了した際の報告などの練習を行っています。また、通級による指導においてもコミュニケーションの指導として、職場での同僚への依頼の仕方や、断り方などの練習を行っています。

4．進路に関する相談の機会を提供する活動

　C高等学校では、進学については、進路指導部、就労については、学級担任と学年が窓口となって指導や支援を行っています。

　発達障害のある生徒については、日常生活や学習について、いつでも相談に応じることができるように場所の確保や相談者が待機するなどしています。その際、進路に関する話をすることで、将来に対する見通しを持ちながら、現状の課題に向き合うよう促しています。

5．就労に関する指導・支援の活動

　進路指導部による情報提供を参考にして、進路希望が定まってくると、担任や特別支援教育コーディネーターによる個に応じた具体的な指導や支援が行われます。敬語の使い方やあいさつの仕方など、教師による指導に加え、外部講師を活用する場合もあります。

　発達障害のある生徒については、面接や作文等の対策として、生徒の認知特性を生かした回答方法の模索などの合理的配慮の提供に向けた準備を進めています。

6．卒業者の支援に関する活動

　C高等学校では、卒業して就労している卒業者については、進路指導部が中心となって、進路先との連携を図っています。就労する卒業者については、在学中に個別の移行支援計画を作成して、就労先との連携を図っています。また、福祉機関や労働機関を利用する卒業者については、特別支援教育コーディネーターが中心となって状況を把握しています。

保護者・関係機関との連携

　保護者や関係機関の担当者との連携を充実するためには、それぞれの役割や背景が異なることを理解しておく必要があります。学校の教師の多くは、集団から個々の生徒に注目しますが、関係機関の担当者の中には、個々の生徒から集団に注目する場合があります。

　ここでは、「発達障害を含む障害のある幼児児童生徒に対する教育支援体制整備ガイドライン」（文部科学省，2017）を参考にC高等学校と保護者や関係機関と連携に注目します。

中学校との連携（引継ぎ）

　C高等学校は、生徒が入学する前に在籍していた中学校を訪問して情報収集を行っています。その際、個別の指導計画や個別の教育支援計画の作成・活用状況や、学校への登校、授業行への参加状況の詳細を確認するようにしています。特に、在籍中のエピソードについて、状況の改善や解決につながったと考えられる対応等について把握するようにしています。

入学前の保護者や生徒との関わり

　C高等学校は、受験前に保護者や生徒からの相談を受け付けるようにしています。その際、受験時や入学後の合理的配慮の提供の必要等について確認するようにしています。また、入学前に生活面や学習面、コミュニケーション面に関する実態を把握できるようアンケートや、面談を行っています。

生徒の障害特性等の理解に向けて

　C高等学校で入学後に行った生徒や教師を対象としたアンケート調査のほかに、心理士等に依頼をして心理検査を実施する場合があります。心理検査の結果のフィードバックに際して、心理士等に本人が同席できるよう依頼し、結果の把握と、今後の支援の手立てを共に考えるようにしています。C高等学校には通級による指導が設置されており、対象となる生徒は、得意なことや困っていることを振り返り、その状況に対する解決策や、支援内容をまとめています。このような指導は、各学級においても同様に行われており、多くの生徒の自己理解を促す活動として取り組んでいます。

就労先への引継ぎ

　C高等学校では、生徒や保護者が参加するケース会を開催しています。この会議では、生徒が将来の進路目標を考え、学習活動や生活面の改善について検討することを目的に行われています。その際、就労するうえで不安なことなどの解決策を検討し、そのための指導を行うようにしています。卒業後に向けても進路先への障害の開示の有無や、連携方法等についてもケース会で話題にするようにしています。

機関連携に向けた留意点

　101頁に機関連携に向けた留意点をまとめましたので、参照してください。

社会の仕事を知り、自分に向いている仕事を考える

　ここでは、障害のある生徒が社会の仕事を知り、自分に向いている仕事を考えるうえで、どのような指導・支援上の配慮が望まれるか解説します。

　高等学校では、特別活動や総合的な探究の時間を中心に、キャリア教育が取り扱われます（文部科学省, 2018）。仕事内容の調べ学習、体験学習、自分に合った働き方を考える活動は、多くの学校で取り組まれています。こうした活動は、発達障害のある高校生にとっても、社会での働き方を知り、自分に向いている仕事を考える場となるため、一層の充実が期待されます。

　しかし、こうした学習が行われているにもかかわらず、働く意義がわからない、働こうとする意欲が起こらない、自分の考えていた働き方と実際の仕事に差がある、といった課題が、就労支援の課題として挙がります（向後, 2014）。もちろん、これらは、障害の有無にかかわらず誰もが直面するものかもしれません。そして、社会人の多くは、失敗を糧にしながら課題を乗り越えていこうとします。

　ところが、発達障害の特性と課題が関連する場合、特性そのものは大きく変化することはありません。これは、本人の特性と仕事の間に生じるズレが解消されないことを意味します。当然、本人にとってはストレスの高い状態となります。場合によっては、離職の危機を迎えるかも

しれません。こうした危機を回避し、仕事を続け、充実した生活を送るためには、発達障害のある高校生に応じた指導や支援の工夫がとても大切になります。

本人のペースに合わせた指導を

　特性に応じた指導や支援は、本人への伝わりやすさを意識することが大切です。学年や学級といった集団を対象に行う各種の案内、説明、活動では、本人を含めた集団全体への配慮が必要です。一目でわかる情報の整理、丁寧な言葉づかいや言い回しの工夫、作業したり考えたりする機会の設定、十分な時間の確保、個人ごとの進捗の丁寧な把握、肯定的に認めたり励ましたりする温かいかかわり、といった工夫は、参加するすべての生徒の学びにもつながるでしょう。

　こうした工夫があっても、学習への参加、理解が進まない場合には、個別の対応を検討します。活動により人員の配置を工夫し、個別に声かけできる環境作りに取り組みます。加えて、休み時間や放課後に時間を設けて、本人のペースに合わせた指導を行うことも有効です。生徒が通級による指導を受けていれば、全体の指導と自立活動の関連付けを図ります。特に、社会での働き方の学習では、就労を支援してくれる機関、サービス内容の学習が必要な生徒もいます。そうした学習は個別性が高いものとなるので、もれなく取り組むことが期待されます。

······· コラム⑰ ·······

「通級による指導」を通じた自己や
社会の仕事の理解に関する指導・支援

高等学校における通級による指導（以下、高校通級）では、生徒が自己の特性等の理解を深め、障害との向き合い方を学ぶことも重要です。ここでは、就労を見据えた高校通級の取り組みを解説します。

自分を知る

高校通級を受ける生徒は、学習上または生活上にさまざまな困難さを抱えています。ただ、自分の困難さに気づいていない、または気づいていてもその困難さの原因や背景がよく理解できていない生徒も少なくありません。そこで、それらを明確にしていく必要があります。例えば、人間関係がうまく築けない、物事の優先順位がよくわからないなどの問題があったとき、それらの原因や背景について、日々のエピソードを振り返ったり、ソーシャルスキルトレーニングを行ったりすることで、より明確にしていきます。そのうえで、それまでの活動を振り返りながら、「こうすれば困難さが軽減される」といったことを、生徒が見出し整理できるよう支援していきます。また困難さだけでなく、自分の興味・関心や得意なことなど、自身の強みについても、生徒が気づき整理していくことが大変重要です。

そのための指導例として、長所や短所が書かれたカードを用いた指導があります。生徒がさまざまな長所や短所が書かれたカードの中から自分に該当するものを選び、選んだ理由を指導者と共有して

いきます。指導者は、自分が長所だと思っていることも、状況によっては短所になることもあり、またその逆もあるということ（リフレーミング）を助言します。

「ジョハリの窓」などの自己分析ツール（心理学モデル）を導入するのも効果的です。生徒の特性に対して、「自分も他者も知っている自分」「自分だけが知っている自分」「他者だけが知っている自分」等に、グループワークを通して分類していきます。

社会を知る

さらに支援が必要な場合には、自分に会った職種や働き方について考えていきます。困難さが大きいことについては、できるだけそれらを避けられる職種を、また支援が得られれば改善されることであれば、できるだけその支援が得られる職種や雇用形態について検討していけると良いでしょう。さらにこれらのことは、高等学校の進路指導主事と連携しながら、進めていく必要があります。

最後に、「キャリア・アンカー」という概念があります。これは、個人がキャリアを形成する際に、他に譲ることのできない価値観や欲求のことで、30代ごろまでに確立するといわれています。障害のある生徒の就労においては、できないことを除外していくというネガティブな過程になりがちです。しかし、これだけは譲れないといったポジティブな姿勢をもつことも、とても大切です。

就労事例から

1 就労についてイメージできる事例を教えてください(ハヤトさんの場合)

ここでは、発達障害のある人の就労上のつまずきについて事例を紹介します。学校段階から親子で就労を見据えて努力してきたものの、初職(一般雇用)で挫折し、その後、専門機関での就労支援を経て自己理解を深め、現在は、障害者雇用で力を発揮している事例です。

～ハヤトさんの事例～

高等学校入学前まで

幼少期から車が好きで、運転の真似をして一人遊びをする姿が見られました。成長面では、1歳時から、歩かない、人や物事への関心がないなど、成長の遅れを感じていましたが、3歳児健診後に、病院の発達検査で、成長に8か月の遅れがあることがわかりました。

小学校入学後は、「は」を「あ」と発音するなどの構音障害から、「ことばと聞こえの教室」に通いました。学業面・対人面のつまずきが大きくなったのは3年生の時です。漢字の読み書きや算数が苦手で、授業中に先生の話がわからなくなると、車の運転の真似をして自分の世界に入ったり、自信のない授業には参加したくないと拒否したりするようになりました。また、友だちに対し、大声を出して威嚇するなどわざと嫌がる行動をとるようになりました。

親として、これ以上無理をさせられないという限界を感じて、大学病院を受診し、その後、東京都の教育研究所での検査を経て、「ボーダーの学習障害」という診断を受けることになりました。診断を受けてからは、親の会への所属のほか、大学の教育相談に通い、情報収集を行いました。大学の専門家の助言を受け、家庭では、「①自立を考えて育てる、②選択をする習慣をつける、③お金の使い方を生活の中で学ぶ」という、わが家なりの3本柱の教育方針を立て、小学校から高等学校まで、自立を見据えた取り組みを少しずつ進めていきました(**図「わが家の家庭教育の基本」、「家庭教育の内容(自立の3本柱)」**参照)。こうした取り組みは、現在の本人の職業生活を支える土台になっていると感じます。

高等学校時代

中学校卒業後は、自動車整備士の資格が取得できる専修学校(私立の通信制の高等学校と連携し、高卒資格の取得が可能)に進みました。スクーリングに通い、読み書きなど苦手なことに対応しながら資格取得を進め、やりたい職業に就くために懸命に努力しました。その結果、卒業までに25の資格を取得しました。休日は学校行事、長期休みには天声人語の書き写しといろいろな経験を行い、高等学校時代を駆け抜けるように過ごしました。

学校でもそのがんばりを評価され、卒業後の就職は問題なく決まるはずでした。しかし、体力

図　わが家の家庭教育の基本

その後の人生に大きな影響があったと
感じたわが家の家庭教育の基本

日常生活で育む ～自立の3本柱＋体力～

成長に合わせて**段階**を踏む
- ■**自立** を考えて育てる
  （自分の働いた収入で生きていく、自分で生活する）
- ■**選択** をする習慣を付ける
  （人生のすべてを自分で選択していけるように）
- ■**お金** の使い方を生活の中で学ぶ
  （生きる上で必要な力・自立には欠かせない）
- ■**体力** 通勤に必要な体力を学齢期から付けておく
  （働くため、生活するために必要な力）

図　家庭教育の内容（自立の3本柱）

中学～高校で取り組んだ家庭教育

基本的な方針
自立を見据えて…
・社会性を育てる
・体験から学ぶ
・資格を取る
・学校行事に積極的に取り組む

自立 を考えて育てる

中学・高校では、「お手伝い」から、「家族としての重要な役割を担う」と考え
方へと変化させていきました。
この際、「家事の中心である人の苦手なこと」を担うことや「実施可能な事
柄」となるよう留意しました。
この一つとして「父親のワイシャツをクリーニングに出す」という仕事を任せ
ました。本人には、ワイシャツがなければ、父親は仕事に行けないこと、よっ
て、家庭の経済に影響を及ぼす重要な役割であることを説明しました。働く
ことの重要性を学ぶ機会になったと考えます。

面やコミュニケーションの課題から、在学中に職場実習を行った自動車整備工場には採用されま
せんでした。学校からは、大学に推薦するという打診もありました。しかし、本人と話し合い、
社会に出て働きながら成長していく道を選ぶことにしました。学習障害の影響から、座学で努力
をし続けることへの本人の負担と、学校を卒業したら、やりたい職業に就いて働きたいという本
人の気持ちがその背景にありました。

初職でのつまずき

　卒業間際に、学校紹介により、ある自動車整備工場への就職を紹介されました。毎年2人ずつ
新卒採用を行い、新人を先輩が育てる企業文化を持った小さな会社（従業員規模17名）でした。
事前の職場実習はなく、また、就職の話を受けるかどうか決めるまで1週間程度しか猶予がない

状況でした。当時、構音障害による言葉の不明瞭さ、指示（耳からの情報）の聞き取りにくさ、体力のなさなどの課題を感じており、働くことに対する不安を親子で感じていました。LD 親の会の調査では、発達障害のある高校生の進路選択について、保護者は、「本人の適性がわからない」という困りごとを感じていることが明らかになっています（「**高校卒業後の進路選択で困っていることは何ですか　保護者への質問**」参照）。まさに、当時、親としてこうした思いを抱えていました。けれども、本人が子どもの頃からやりたかった自動車に関わる仕事です。これまでの「がんばればできる」という経験を信じ、何とか希望を持ちたいという思いから親子で就職を決意しました。

　仕事内容はトラックの整備でした。背の低さから整備作業を行いにくく、また、障害特性から、業務遂行や対人面でさまざまな課題が生じました（図「**ハヤトさんの初職でのつまずき**」参照）。

　企業には本人の希望から障害を開示していませんでしたので、うまくいかないことがあると、「やる気がみられない」と注意を受ける日々が続きました。本人はどんどん自信をなくし、不安や焦りから作業でミスが生じるようになり、それが人間関係にも影響してしまう状況でした。本人なりに努力しても問題は解決せず、結果、11 か月で退職することになりました。

　こうした経験から、進路選択時に、就職にあたっては興味・関心のみならず、適性を考える必要があること、そのために、事前の職場実習が重要となること、障害非開示では企業の配慮に限界があること等について、親子が情報を得ておくことが重要であると感じました。

高校卒業後の進路選択で困っていることは何ですか　保護者への質問（複数回答）

項目	公立高		私立高		支援高		専修学校	その他	全体
本人の適性がわからない	48%		48%		41%		74%	83%	49.4%
進路指導がとりあえずの進学になっている	15%		26%	**	2%	*	4%	17%	17.0%
個別教育支援計画が作成されていない	17%		13%		0%		4%	33%	11.2%
進学して、資格をとりたいがとれるかどうか不安	24%		27%		7%		17%	33%	21.2%
大学等の理解がどれくらいあるか不安	39%	*	34%		0%	**	22%	17%	27.9%
職業訓練をうけたいが訓練機関がすくない	16%		14%		21%	*	17%	0%	15.4%
本人の適性にあった訓練機関がない	11%		11%		7%		0%	0%	9.3%
就職希望だが就職先がない	6%	**	8%	**	38%	**	26%	0%	13.8%
就職支援機関との連携ができない	6%		9%		9%		17%	17%	8.7%
その他	25%		26%		17%		13%	33%	23.4%

＊出典：NPO 法人全国 LD 親の会（2019）LD 等の発達障害がある高校生の実態調査報告書Ⅲ.

障害者手帳の取得

　退職後は、ハローワークで失業保険の手続きをしながら、空港で趣味の飛行機の写真を撮りに羽田空港に通い、傷ついた心を癒す日々を送りました。その後、一般雇用での就職活動を続けましたが、現実的には難しく、「がんばればできる」の限界を迎えることとなりました。

　こうした中、再就職に向けて、就労の専門機関である、障害者職業センターで職業準備訓練を受けることになりました。訓練では、ワークサンプルによる体験的な学びなどを通じて、自分の

図　ハヤトさんの初職でのつまずき

初　職（一般雇用）

学校紹介での就職　　自動車工場

（業務面）
・作業指示についていけない　　「もう一度お願いします」「今、言っただろう！」
・作業の遅れ（握力がない、作業動作が緩慢）
・作業態度（がんばっているつもりでも、やる気が見えないと言われる）

（人間関係面）
・従業員同士の会話についていけない
・気が利かない　→　言葉の攻撃　　　「やめたい…」
・会社への障害告知を提案　　　　「普通でいられるならどんなことでもする」

（精神面）
・気分の落ち込みが激しい　→　お菓子をたくさん買い込む
・緊張で体が硬くなる

⇒　人間関係の悪化に至り、11か月で退職

「障害のことは会社に言わないでほしい。このままやめていきたい…」
「高校には相談したくない・・・」

「やりたい仕事」と
「できる仕事」の違い…

障害特性について理解を深めていきました。健常を目指したいと願い、高等学校時代をがんばってきた本人にとっては、「できない自分」と向き合う過程は、かなり辛かったのではないかと想像されます。しかし、少しずつ、苦手なことも含め、自分自身と向き合うことができるようになり、自分にとって難しいことは、他者に SOS を出そうと考えていくようになりました。また、他の訓練生との交流を通じて、本人が描いていた「障害者像」の修正も行われていきました。そして、最終的に、障害者手帳（療育手帳）を取得することを自分で決断したのです。障害者手帳が交付されると翌日から使うという積極性もみられました。

障害者雇用へ

　その後は、障害者職業センターへの相談を経て、自動車整備工場に障害者雇用で就職することを前提とした職場実習を行うことになりました。障害者雇用は初めてという会社でしたが、従業員に食事に誘われるなど人間関係も良好で、障害者雇用で働くことに対し、安心感を得ることができました。一方で、仕事の切り出しや社員教育等、中小企業としての限界も伝えられ、自動車整備の仕事を続けることに限界があることを本人も感じるようになりました。そして、自動車整備にこだわらず、障害者雇用で別の仕事を探すこととなりました。

　その後、何度かの職場実習を経て、製造等複合業の特例子会社での就職が決まりました【特例子会社については、パート１（56 頁）参照】。それまでとは異なり、同僚は障害のある人で、仕事内容は箱詰めや検品等でした。その後は、パソコン操作を習い、入力業務に従事するようになりました。このように、好きな車の仕事から長く続けられる仕事への転換となりましたが、仕事を通じ、チームワークからパソコンスキルまでさまざまな力を伸ばすことができました。しか

し、入社４年時に、上司の配置転換により社内の雰囲気が変わり、退社を決意することになりました。退職後は、パソコンスキルの向上を目指して資格取得を行い、次の仕事へと希望をつないでいきました。

現在の仕事、生活

　現在の職場は、４社目となります。障害者職業センターへの相談を経て、保険業の特例子会社に就職することになりました。入社当初は、名刺印刷等の業務に従事していましたが、仕事ぶりが評価され、会社が新規事業として取り組むことになった、ドライブレコーダーの映像解析の仕事を任されることになりました。新たな仕事を任せてくださるうえでは、会社側も、本当にできるのだろうかと葛藤があったと思います。会社からの支援、そして、本人の特性（自動車に関心をもっている、映像の細かな点に気付くことができる等）とのマッチングもあり、現在は、信頼度の高い業務を行うことができていると評価いただいています。

　また、できる仕事が増える中で、仕事に対する本人の興味も広がっていきました。現在、特に関心をもっているのは、仕事を覚えることに苦労した自身の経験を活かし、障害の有無に関わらず、誰もがわかりやすく仕事内容について理解できるようにするためのマニュアルづくりを行うことです。社内ではその仕事ぶりを表彰され、本人の自信につながっています。本人曰く、自分は雑用係だと。でもその雑用係のさまざまな仕事を通じて、みんなと一緒に会社のために働けることは、幸せなことだと感じているようです。

　日常生活については、21歳から通勤寮・グループホームでの生活を経て、生活スキルを高めていき、現在は、家事支援を受けながら、実家の近くで一人暮らしをしています。趣味の写真撮影は職業生活を支える大切な時間となっています。今後の人生、いろいろなアクシデントもあるでしょうが、何があっても自分を信じ、また、他者からの支援を上手に受けて乗り越えていくことで、充実した人生を送ってほしいと願っています。

図　ハヤトさんの現在の仕事

現 職（障害者雇用）

・障害者職業センターに相談の上、現在の特例子会社に採用される
　→ キャリアアップの再就職を目指し、気持ちの切り替え

・当初は、印刷業務に従事していたが、
　ドライブレコーダーの危険察知抽出の仕事を任されることに
　→ 特性を生かした3人のチームワークでの
　　　マニュアル作成
　→ 2018年 グットジョブ賞受賞
　→ 2021年 社員の手本となるマイスターの肩書

「できる仕事」の積み重ねが、
「やりたい仕事」に…
現在は、障害者雇用で合理的配慮を得て、
得意なことを生かして働いている。
今後、私らしく焦らずに、仕事に向き合って
進んでいきたい。

↓仕事の詳細は、以下の
「働く広場」の記事で
ご確認いただけます。
https://www.ref.jeed.g
o.jp/29/pdf/29405.pdf

2 家庭との連携のポイントを教えてください

ここでは、前項（1. 就労についてイメージできる事例を教えてください（ハヤトさんの場合）」114 ～ 118 頁）の事例を踏まえ、家庭との連携に向けて留意すべき点を親の立場から説明します。

親の不安・ストレスの軽減に向けて

　発達障害のある生徒の進路選択、キャリア発達には、親子関係、家庭環境が影響することが考えられます。親が支援を受けることに慣れていない場合は、わが子を客観的に見ることが難しく、過干渉になってしまったり、問題から目をそらしてしまったりすることがあります。その理由として、本人の特性を理解できないうえに、周りの生徒と比べ、身辺自立や人間関係などの困難が目立つことで、親として不安やストレスを感じ、精神的に追い詰められてしまうことが挙げられます。未診断の場合は、その不安やストレスはさらに高まるでしょう。

　こうした中、親と連携していくためには、家庭環境の背後にある課題を理解することが必要です。これまでの親なりの努力や家庭での工夫に目を向けて理解することから始め、傾聴や共感等を通じ、信頼関係を深めていくことが大切です。こうした親を支える取り組みにより、親の不安やストレスが軽減し、親自身が精神的に安定することができれば、客観的にわが子を受けとめる心の余裕が生まれてきます。そして、わが子の希望と現実の折り合いの調整に向けた過程を支えることができる親へと成長していくことができると考えます。

揺れ動く親の気持ちを支える

　発達障害は、目に見えにくい障害です。学齢期は、障害者として生きるのか、健常者として生きるのか、わが子も親も迷いました。けれども、わが子の夢の実現に向けて、「がんばればできる」と親子で努力してきました。初職での挫折時には、「ここまでがんばってきたのにどうして？」という思いがふつふつとわく中、現実を突きつけられたように感じました。また、障害者雇用の道を選ぶというわが子の選択に対し、親としても、図「わが子の障害に対し揺れ動く親の気持ち」のように気持ちが揺れ動く時期がありました。こうした気持ちを支えてくださったのが支援者の方でした。このように、障害と向き合うことは、とても時間がかかるプロセスです。先生方にはこうした本人や親の葛藤を受けとめ、寄り添っていただけるとありがたいと考えます 。

　そのうえで、信頼関係を構築し、適切なタイミングで、進路選択に向け、本人や親が知っておくべき情報や、考えるべき内容について、わかりやすく具体的に助言いただけるとありがたいと考えます。例えば、親として知っておけるとよかったと思う内容として、以下が挙げられます。

図　わが子の障害に対し揺れ動く親の気持ち

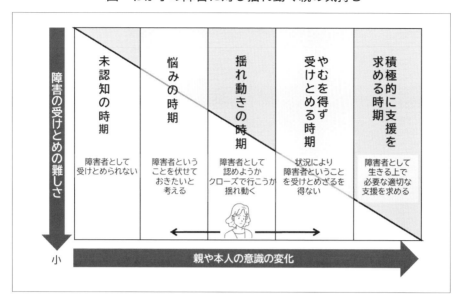

・仕事を考えるうえでは、興味・関心のみならず、仕事への適性や、働くための基礎的な力（職業準備性）が重要となること
・そのためには、体験を通じた検討の機会が重要となること
・体験を通じ把握した自身の課題について、自分でどのように工夫したり、周囲にどのような配慮をお願いしたりして解決できるか考えることが大切であること（＝自己理解）

　なお、学校や専門機関に対し、相談をためらう親も少なくありません（図「相談をためらう親の気持ち」）。親が困ったときに出すSOSはチャンスです。日ごろから親との関係性を少しずつ築いていき、相談できる存在となることが連携に向けた一歩となります。

図　相談をためらう親の気持ち

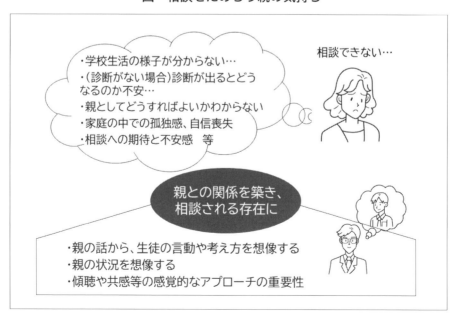

3 事例のポイント解説(ハヤトさんの事例から)

ここでは、ハヤトさんの事例について三つの観点からポイントをみて
いきたいと思います。

求人種類の選択

　初職では一般雇用(障害非開示)で就職しており、業務面や課題や対人面の課題が生じました
が、職場での配慮は行われませんでした。その後の障害者雇用での就職では、適切な合理的配慮
を受けられている様子がうかがえます。

　求人種類別の就職後1年までの職場定着率の調査からは、一般求人(障害非開示)が最も低く
(障害者職業総合センター, 2017a)(**図「求人種類別にみた職場定着率の推移」**参照)、障害非
開示で働くことによる職場定着の難しさが示唆されています。一般求人と障害者求人では給料等
の条件が異なることもありますが、職場に何を求めるかについてよく考えたうえで、求人種類を
選択することが必要です。

図　求人種類別にみた職場定着率の推移

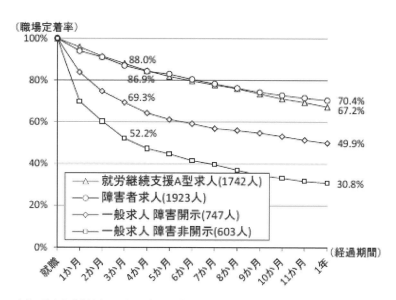

＊出典：障害者職業総合センター（2017a）障害者の就業状況等に関する調査研究

本人の特性と職務とのマッチング

初職では、就職前に仕事で求められるスキル等について理解する機会がなかったこともあり、職務内容と本人の特性とのミスマッチが生じていました。一方、現在行っている「ドライブレコーダーの映像解析」は、本人の興味・関心（自動車に興味がある）、職務で必要なスキル（専門的なパソコンスキル、自動車運転に関する知識）、本人の特性（映像の細かい点に気付くことができる）の三つが上手くマッチングしていると考えられます。このためには、本人の興味、能力特性、職務で求められるスキルの三つのアセスメントが行われていることが重要です。

事業所による職務再設計

本人の特性と職務が一致していても、そのまま遂行できるとは限りません。ハヤトさんがドライブレコーダーの映像解析を担当する際には、事業所による職務の再設計が行われました（障害者職業総合センター, 2017b）。この職務には「テロップの作成」といったハヤトさんが苦手とする「読み書き」に関するもの含まれていましたが、その作業を担当しなくて良いように見直しを行いました（**図 「事業所による職務再設計」**参照）。強みを活かした職務を行うことが可能となった理由の一つとして、会社がハヤトさんの能力特性上の強みと弱みを把握していたことが挙げられます。したがって、コミュニケーションツール等を用いて職場に特性等について伝え続けていくことも大切になると考えられます。

図　事業所による職務再設計

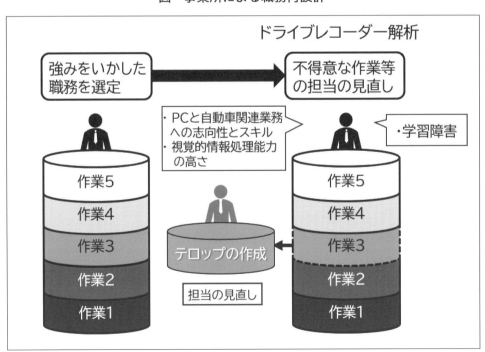

＊出典：岩佐・宮澤（2020）精神障害者及び発達障害者の雇用における職務創出支援に関する研究

自立生活を支えるために〈生活力のチェックツール〉

職業生活を支えるうえでは、生活面の力が土台となります。ここでは、生活力をチェックしたり、育んだりするうえで参考となるツールをご紹介します。

わが子の生きづらさを語り合いリスト化

東京LD親の会連絡会　自立生活研究会が作成した「自立生活サポートチェック表」は「20歳前後の発達障害のある人が、一人暮らしをするために必要なスキルは何か？」を親たちが話し合い、チェックリストおよびコラムとして取りまとめた冊子です。現在までに、「Ⅰひとりぐらしを応援する／生活のためのレシピを作ろう（A4版108ページ）」と「Ⅱ─自立生活の三大難問！金銭管理・時間管理・整理─（A4版76ページ）」の2冊を発行しています。

東京LD親の会連絡会　自立生活研究会は、東京にある親の会（けやき、にんじん村）の有志が立ち上げた会です。親は、わが子の成長が他の子と違うのではないかと感じたとき、子どもの将来を案じて漠然とした不安を抱きます。会では、こうした共通する親の悩みを持ち寄り、わが子の生きづらさを語り合いながら、生活に関する事柄を一つひとつリスト化する作業を進めました。そして、15年以上をかけて改定を重ねてきました。

生きづらさの解消を願って

このチェック表を用いることで、自立に必要な事柄や支援を必要とする項目を整理するだけでなく、親がわが子を客観的に見ることにも役立つのではないかと考えています。また、幼少期から一生涯を通して必要なの支援を考えるためのツールとしても活用できるでしょう。自立に向け、少しでも生きづらさの解消につながることを願いながら、また、それぞれのQOLを高められるよう願いを込めながら作成しています。

〈内容〉

・食生活
・衣生活
・住生活
・身だしなみ
・移動
・付き合い
・健康と性
・危機管理
・情報と通信
など

自立生活 サポートチェック表Ⅰ
改訂版
ひとりぐらしを応援する／生活のためのレシピを作ろう

東京LD親の会連絡会・自立生活研究会

自立サポートチェック表のお問い合わせはこちら
【連絡先】森野勝代
e-mail: morino@ninjinmura.com

ハヤトさんからのメッセージ

発達障害のある生徒の指導・支援において何よりも重要となるのが、本人の気持ち、ニーズに寄り添うことです。ここでは、当事者のハヤトさんからのメッセージを紹介します。

学校生活を振り返って

小学校時代は先生やクラスのみんなに助けてもらい、できることが多くなっていきました。今、会社ではみんなで冗談を言い合えたり、一緒に仕事ができる仲間がいることが、私を支える一番のエネルギーになっていますが、小学校時代にみんなに応援してもらった記憶が頭のどこかにあるからかもしれません。クラスの中に障害のある子がいたら、その子の弱いところを支えるようなクラスであってほしいと、先生にはそのための支援をしてほしいと願っています。

中学校ではよく先生に、自分の夢や希望の話をしました。高校受験に受かったときには、職員室で先生方に拍手をしていただき、うれしかったです。高校でも学校の先生に話をしに職員室に通いました。先生には生徒が安心できる環境を作っていただき、じっくり生徒の話を聞いていただけるとうれしいです。

家庭生活を振り返って

私の家庭では、大人になったら自分で働いたお金で生活していくことを教えられていました。ですから、どんなときも働きたいという思いが強かったです。

また、小学校時代から好きなことを見つけてもらったり、やらせてもらったりしたので、そういうことが大事だと思っています。それが最終的に仕事につながれば良いなと思っています。

最後に：就職に向かうときは本人の夢や希望を聞いてほしい

私の育った頃は、発達障害という言葉もなく、必要な支援を受けられる時代ではなかったけれど、自分の夢を追いかけながらがんばって学生時代を過ごし、努力して学んできたことが、今の仕事や生活に役立っています。夢を追いかけながら努力することは大切なことで、たとえ仕事に直接つながらなくても、知識が多いほど豊かな人生が送れるような気がしています。

もちろん、自分の力に合った仕事をすることは大切で、安心してキャリアを積むことができます。そのためには、自分の力を知ること、そして、自分を取り巻く状況や環境が変わっていくことを否定せず、勇気を出して受け入れることが大切だと思っています。

今、仕事を楽しめるのは、自分も企業の中で人の役に立つことが実感できるから…。今後も、仲間との信頼関係を大切にしながら、会社に貢献していきたいです。

ハヤトさん

コラム⑳

就労支援について情報が得られる公的サイト

高等学校でキャリア教育・進路指導を行ううえでは、発達障害のある人の就労について教員が情報を得ることが大切です。ここでは、発達障害のある人の就労支援について情報が得られる主な公的サイトを紹介します。

障害者職業総合センター
ホームページ
https://www.nivr.jeed.go.jp/index.html

障害者職業総合センターは、(独)高齢・障害・求職者雇用支援機構が設置および運営する機関で、障害者雇用の専門機関です。このサイトでは、障害のある人の就労支援についてさまざまな情報が提供されています。

例えば、「職業リハビリテーションに関する研究」のページでは、研究報告書や資料、マニュアル、教材、ツール等の多くの情報が提供されており、障害種別やキーワードで情報を検索することができます。発達障害で検索すると、198件の成果物が出てきます（2023年4月現在）。

発達障害ナビポータル
https://hattatsu.go.jp/

発達障害・情報支援センターホームページと関連したサイトです。厚生労働省と文部科学省の協力の下、国立障害者リハビリテーションセンター（発達障害情報・支援センター）と国立特別支援教育総合研究所（発達障害教育推進センター）の両センターが共同で運用する発達障害に関する情報に特化したポータルサイトです。

「ご本人・ご家族」向けのページと、「支援機関の方」向けのページがあります。例えば、「ご本人・ご家族」向けのページの「働く」の項目では、「就職に向けた準備を始める」「就職に向けた相談先や支援機関などを知る」「就職後の支援」について説明されています。

また、「支援機関の方」向けのページの「労働」の項目では「就労支援の基礎知識」「就労支援のプロセス」「その他の支援」「就労支援に関する施策・制度」「就労支援の技法」について説明されています。

このように、公的サイトだけでも、就労支援について様々な情報を得ることができます。具体的に知りたいことがあるときは、各ページ内のキーワード検索を使うのも効果的です。

図　発達障害ナビポータル・トップページ

【資料】就労支援に役立つガイド・資料等の紹介

　ここでは、パート3「もっと知りたい学校での実践のポイント」の内容に補足してお伝えしたい、発達障害のある生徒の「就労支援」に役立つ具体的なガイド・資料等を紹介します。

＜障害のある生徒等へのキャリア教育・進路指導に向けて＞
各自治体から、実践の参考となる資料がまとめられています。

◆岡山県教育庁特別支援教育課「高等学校就労支援マニュアル〜実践研究編〜」
2018（平成30）年3月

◆兵庫県立特別支援教育センター「高等学校における障害のある生徒等への進路ガイド」2021（令和3）年3月

◆鹿児島県教育委員会「高等学校における支援が必要な生徒の就職支援の充実に向けて」2020（令和2）年3月

◆鹿児島県教育委員会「高等学校における支援が必要な生徒の引継ぎの充実に向けて：「就職支援シート」及び「サポートシート」「自分の得意・不得意気づきシート」の活用」2017（平成29）年度
※ホームページから様式のダウンロードも可

◆長崎県教育委員会「高等学校における特別支援教育ガイドブック」
2015（平成27）年3月

福祉・労働分野から出されている資料も、実践に向けて参考となります。その一例を紹介します。

◆障害者職業総合センター「就職支援ガイドブック…発達障害のあるあなたに…」
2008（平成20）年3月
※年度が古いため、制度・施策等については最新の内容を確認する必要がありますが、事例やワークシート等が参考となります。

◆栃木県保健福祉部障害福祉課「とちぎ障害者就労支援ガイドブック」
2018（平成30）年3月（2023（令和5）年3月改訂）

> ◆ NPO 法人ジョブコーチ・ネットワーク（厚生労働省 平成 20 年度障害者保健
> 福祉推進事業）「発達障害者の就労相談ハンドブック」2009（平成 21）年 3 月
> ※年度が古いため、制度・施策等については最新の内容を確認する必要があり
> ますが、ワークシート等が参考となります。

就職をテーマとしたコミュニケーションをスマホ等で分かりやすく学べる WEB 教材（無料）もあります。

> ◆日本設備管理学会　就労支援技術研究会「就コミュ」
> 2016（平成 28）年 4 月

働くうえで生活面の力を身に付けることは重要です。このために、福祉機関や家庭と連携するうえでのヒントを得られる資料です（通級による指導で本資料を参考としたケースもあるようです）。

> ◆ NPO 法人 Wing　PRO「発達障害等の子どもたちへの放課後等デイサービスにおけるキャリア教育プログラムの推進」2018（平成 30）年 3 月

＜その他＞

文部科学省から、中学校および高等学校におけるキャリア教育の手引きが出されています。実践も紹介されており参考となります。

> ◆文部科学省「中学校・高等学校キャリア教育の手引き」
> 2023（令和 5）年 3 月

厚生労働省から、中学生や高校生向けに分かりやすくマンガ形式で進学や就労に関する情報提供を行う資料が出されています。

> ◆厚生労働省「○カツ！〜あなたの○活応援します〜」
> 2019（平成 31）年 4 月

> ◆厚生労働省「これってあり？〜まんが知って役立つ労働法Ｑ＆Ａ〜」
> 2023（令和 5）年 4 月更新

> ◆厚生労働省「今日から使える労働法」
> ※ Ｅ ラーニング教材

「パート３」引用・参考文献

岩佐美樹・宮澤史穂（2020）：精神障害者及び発達障害者の雇用における職務創出支援に関する研究．障害者職業総合
　センター　令和２年度発達障害のある人の就労ネットワーク事業雇用促進研修会資料．
　https://www.nivr.jeed.go.jp/research/report/houkoku/p8ocur0000000o3f-att/02chihou_okayama.pdf
　(2023 年 4 月 16 日）

向後礼子（2014）：発達障がいのある人の学校から就労への移行支援並びに就労後の職場適応支援の課題．日本労働研
　究雑誌，No.646,76-84.

国立障害者リハビリテーションセンター・国立特別支援教育総合研究所．発達障害ナビポータル，
　https://hattatsu.go.jp/（2023 年 5 月 17 日閲覧）.

国立特別支援教育総合研究所（2022）：発達障害者支援のための教育と福祉の連携・協働に係る取り組み．国立特別支
　援教育総合研究所ジャーナル第 11 号.

障害者職業総合センター (2017a)：障害者の就業状況等に関する調査研究．調査研究報告書 No.137.

障害者職業総合センター (2017b)：精神障害者及び発達障害者の雇用における職務創出支援に関する研究．調査研究報
　告書 No.133.

文部科学省（2017）：発達障害を含む障害のある幼児児童生徒に対する教育支援体制整備ガイドライン．
　https://www.mext.go.jp/a_menu/shotou/tokubetu/1383809.htm　（2023 年 6 月 8 日閲覧）

文部科学省 (2018): 高等学校学習指導要領（平成 30 年告示）解説総則編
　https://www.mext.go.jp/content/20211102-mxt_kyoiku02-100002620_1.pdf(2023 年 8 月 29 日閲覧).

文部省（1994）：進路指導の手引－中学校学級担任編（三訂版）.

NPO 法人全国 LD 親の会（2019）：LD 等の発達障害がある高校生の実態調査報告書Ⅲ.

キャリア教育・進路指導の充実に向けて参考となる資料

本書の理解を深めるうえで参考となる資料を紹介します。

今後の高等学校教育の展望について理解を深めるために

　文部科学省から、2020年代を通じて実現すべき「令和の日本型学校教育」の姿がまとめられています。また、その前段階で出されている高等学校教育の WG の報告も参考となります。キャリア教育・進路指導を行う前提として押さえておけると良いでしょう。

◆中央教育審議会答申「令和の日本型学校教育」の構築を目指して〜全ての子供たちの可能性を引き出す、個別最適な学びと、協働的な学びの実現〜
2021（令和3）年1月26日（同年4月22日更新）

◆文部科学省「新しい時代の高等学校教育の在り方ワーキンググループ（審議まとめ）」〜多様な生徒が社会とつながり、学ぶ意欲が育まれる魅力ある高等学校教育の実現に向けて〜
2020（令和2）年11月13日

障害のある生徒に対する指導・支援について理解を深めるために

　文部科学省の検討会議では、通常の学級に在籍する、発達障害を含めた障害のある児童生徒へのより効果的な支援施策の在り方について報告が出されています。キャリア教育の重要性についても触れられています。

◆文部科学省「通常の学級に在籍する障害のある児童生徒への支援の在り方に関する検討会議報告」
2023（令和5）年3月13日

　障害のある生徒に対するキャリア教育・進路指導では、障害特性を踏まえた指導・支援が重要となります。教育支援の手引きでは、障害種別に指導・支援の基本知的知識がまとめられており、参考となります。

◆文部科学省「障害のある子供の教育支援の手引〜子供たち一人一人の教育的ニーズを踏まえた学びの充実に向けて〜」
2021（令和3）年6月

学校段階での指導は、進路先に引き継ぐことが重要です。文部科学省の通知では、「個別の教育支援計画」の活用・引継ぎの必要性や留意点について確認することができます。

◆文部科学省「学校教育法施行規則の一部を改正する省令の施行について（通知）」
　2018（平成30）年8月27日

就労支援について理解を深めるために
　厚生労働省から、障害のある生徒の卒業後の進路に関する連携について通知が出されています。高等学校と就労支援機関との連携についても触れられています。

◆厚生労働省「障害者雇用・福祉施策の連携強化に関する検討会報告書」
　2021（令和3）年6月8日

◆厚生労働省「「障害者の雇用を支える連携体制の構築・強化」の改正について」
　2018（平成30）年4月2日
　＊文部科学省事務連絡

　厚生労働省から、新規高等学校卒業者の離職状況が毎年報告されています。
　「高等学校就職問題検討会議」では、新規高等学校卒業予定者の就職内定状況や、就職活動の現状と翌年度に向けた課題および早期離職に関する状況等が検討されています。

◆厚生労働省「新規学卒就職者の離職状況（平成31年3月卒業者）を公表します」
　2022（令和4）年10月28日

◆厚生労働省「第32回高等学校就職問題検討会議」
　2023（令和5）年2月7日

労働政策・研究研修機構では、高等学校に対し進路指導に関する調査を実施しています。

学校種による進路指導の違いや、指導にあたっての課題など、学校で進路指導に取り組むうえでの留意点を確認でき、指導の参考となります。

◆労働政策研究・研修機構「高等学校の進路指導とキャリアガイダンスの方法に関する調査結果」

2017（平成29）年3月

※各データは今後、更新・変更・削除される可能性があります。

巻末資料2

「学習指導要領の改訂の背景－キャリア教育・進路指導の充実に向けて－」

ここでは、学習指導要領の改訂の背景として知っておいてほしいことを資料としてまとめています。今後、わが国は、「予測が困難な時代」を迎えます。今後の社会を見据えつつ、学校において、生徒にどのような力をどのように育んでいくか、考えていく必要があります。

今後対峙する「予測が困難な社会」を見据えた議論

学習指導要領等の改訂に向けた経緯

国が学習指導要領を改訂する際には、教育の現状と課題を整理するだけではなく、今後の社会の変化を踏まえ、どのような要素が新しい学習指導要領に必要となるのか、文部科学大臣が中央教育審議会に対して諮問し、中央教育審議会が議論した内容を整理し「答申」という形で示すことが通例となっています。現行の学習指導要領の改訂に際しても同様の手続きが取られましたが、このたびの改訂に際しては、学校種ごとや各教科等の議論を行う前に、中央教育審議会に教育課程企画特別部会をおき、学習指導要領を踏まえた教育を受けた子どもが社会に出ていくであろう2030年頃の社会をイメージすることから議論が始められました。

「予測が困難な社会」の到来

学習指導要領の改訂に向けた議論において、その時々で表現は変わってはいますが、2030年頃のわが国の社会は、「予測が困難な社会」であることが共通理解されました。本書で触れた、高等学校学習指導要領の「前文」に示されている「様々な社会的変化」は、こうした議論が踏まえられたものです。議論においては2030年頃に顕著になってくるであろう社会の姿として、ますますグローバル化が進展した社会、機械化やAIの普及・進展、技術革新などにより生活が質的に変化した社会、そして、わが国が世界各国の中でも最も早く対峙するであろう少子高齢社会（生産年齢人口が減少した社会）などについて、統計資料や最新の研究の知見などに基づき議論が進められました。

「予測が困難な社会」を見据え求められる取り組み

　「予測が困難な社会」においては、私たちがこれまで対峙したこともないような新たな社会課題や変化に向き合い、国民総動員 で乗り越えていく必要があります。この視点で整理された「力」が、学習指導要領で示された「資質・能力」であると捉えられます。また、これからの社会は、「これまでこの方法でやってきたから」「これまで上手くいったから」といった前例踏襲主義では解決しきれない社会となります。とりわけ「前年度踏襲主義」と揶揄されることも多い学校現場においては、本当に現在の取り組みで良いのか、これからの社会に通用するものとなっているのかなどについて、地域と一体となって確認していく取り組みが必要となります。このことが、本書で触れた、学習指導要領の「前文」における「社会に開かれた教育課程」の重要性に関する記述につながっていると考えられます。

改めて確認する「学校」の意義

　学習指導要領の改訂に向けた議論においては、「学校」の意義という「そもそも論」についても確認がなされました。この議論では、「学校とは、社会への準備段階であると同時に、学校そのものが生徒や教職員、保護者、地域の人々などから構成される一つの社会である」ことや、「生まれ育った環境に関わらず、また、障害の有無に関わらず、さまざまな人と関わりながら学び、その学びを通じて、自分の存在が認められることや、自分の活動によって何かを変えたり、社会をよりよくしたりできることなどの実感を持つことができる」ことなど、改めて学校教育の意義について確認されました。このことは、いみじくも私たちがここ数年間で経験したコロナ禍の中で、改めて再確認された学校の意義とも通じる考えでした。学習指導要領を踏まえたこれからの学校教育においては、発達障害はもとより生徒の多様性を尊重した教育と、社会に開かれた教育課程の具現化を図っていくことが重要です。

資質・能力を育む学習過程の充実に向けて

　中央教育審議会教育課程企画特別部会（2015）の「論点整理」では、生徒の学習過程について、次のように示されています。

> 　学びを通じた子供たちの真の理解、深い理解を促すためには、主題に対する興味を喚起して学習への動機付けを行い、目の前の問題に対しては、これまでに獲得した知識や技能だけでは必ずしも十分ではないという問題意識を生じさせ、必要となる知識や技能を獲得し、さらに試行錯誤しながら問題の解決に向けた学習活動を行い、その上で自らの学習活動を振り返って次の学びにつなげるという、深い学習のプロセスが重要である。また、その過程で、対話を通じて他者の考え方を吟味し取り込み、自分の考え方の適用範囲を広げることを通じて、人間性を豊かなものへと育むことが極めて重要である。

　本書の中でも触れたとおり、わが国の学校教育においては、生徒が同じ空間で時間を共にすることで、お互いの感性や考え方等に触れ、刺激し合うことの重要性が大切にされてきましたが（文部科学省初等中等教育局教育課程課，2021）、このたびの学習指導要領の改訂においてもよ

り重視され、「主体的・対話的で深い学び」として示されました。こうした学習過程は、キャリア教育・進路指導に関わる資質・能力を育むうえでも重要となります。

予測が困難な社会と学校教育のつながりのイメージ

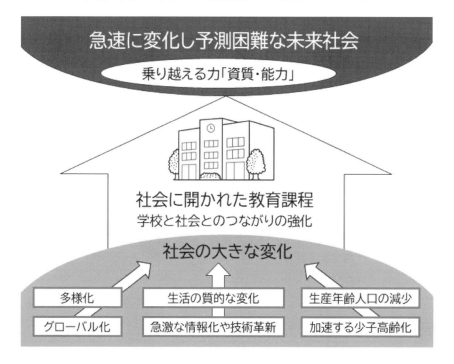

巻末資料　引用・参考文献

文部科学省初等中等教育局教育課程課（2021）：学習指導要領の趣旨の実現に向けた個別最適な学びと協働的学びの一体的な充実に関する参考資料.
中央教育審議会教育課程企画特別部会（2015）：教育課程企画特別部会における論点整理について（報告）.

||||||||||||||||||||||||||||||||||||||||||||||||| あとがき |||||||||||||||||||||||||||||||||||||||||||||||||

　高等学校における特別支援教育の推進については、2007（平成19）年度以降、校内体制の整備が進められており、校内委員会の設置や特別支援教育コーディネーターの指名といった基礎的な体制が整えられています。あわせて、高等学校における特別支援教育については、通常の学級において障害の状態等に応じた適切な配慮が最大限行われることが重要であり、さらに「通級による指導」などの個別的な指導が行われることにより、その充実が図られています。

　障害のある生徒の就労支援においては、就職後の定着までフォローできる体制作りが望ましく、障害のある生徒と関わりのある教員と進路指導を担当する部署の校内での連携や、就労支援コーディネーターの配置、企業、ハローワーク、障害者就業・生活支援センター、ＮＰＯ等の関係機関とのネットワークを活用すること等も有効です。そのために、生徒一人ひとりの教育的ニーズに即したよりきめ細かい教育を提供する観点から、「個別の教育支援計画」や「個別の指導計画」に加え、「キャリア・パスポート」の作成・活用が効果的な指導につながると考えられます。

　本書は、高等学校の教員、教育委員会の職員として勤務経験のある者や、障害のある生徒のキャリア教育・進路指導に関する研究に尽力している者による共同執筆です。このことから、国の施策の意図や背景となる状況を踏まえ、発達障害のある生徒の就労を見据えた指導や支援の参考となる内容をまとめることができました。本書が発達障害のある生徒と関わりのある教員をはじめ、多くの支援者にとって基盤となる資料として周囲と連携・協働するために活用されることを期待します。

2023年10月

井上　秀和

|||||||||||||||||||||||||||||||||||||||||||||||||||| 謝辞 ||||||||||||||||||||||||||||||||||||||||||||||||||||

　本書の刊行にあたり、執筆者の皆様には、細かなオーダーに対し丁寧かつ柔軟にご対応いただき、心より御礼申し上げます。
また、イラストの作成に向けては、岩田成美氏（イラスト検討）、谷川美子氏（イラストデザイン）、佐藤恵子氏（イラスト加工）にお力添えをいただきました。

　最後に、本書の刊行に向けた進捗管理や編集作業でご尽力くださった出版・編集工房 池田企画の池田正孝氏、より良い形での書籍刊行の実現に向けてご尽力くださった学事出版株式会社の三上直樹氏に感謝申し上げます。

執筆者一覧

■編著者

榎本　容子
（えのもと　ようこ）

独立行政法人国立特別支援教育総合研究所　発達障害教育推進センター　主任研究員
広島大学大学院教育学研究科修了。博士（教育学）。
国立障害者リハビリテーションセンター研究所、独立行政法人高齢・障害・求職者雇用支援機構等を経て現職。教育・労働現場での実務経験も有する。
発達障害等のある子どものキャリア教育・就労支援に関わる教材開発、プログラム開発等に関する基礎的・実践的研究に取り組む。

井上　秀和
（いのうえ　ひでかず）

独立行政法人国立特別支援教育総合研究所　発達障害教育推進センター　総括研究員
宮崎大学大学院工学研究科修了。修士（工学）。
公立高等学校、公立特別支援学校教員、教育委員会等を経て現職。
高等学校の特別支援教育、通常の学級に在籍する発達障害等のある子どもの指導や支援に関する基礎的・実践的研究、教育委員会の施策展開等に関する研究に取り組む。

■執筆担当者（五十音順）

宇野　宏之祐
（うの　こうのすけ）

北海道札幌聾学校　教頭
共生社会の具現化に関する実践的研究に取り組む。

佐藤　利正
（さとう　としまさ）

独立行政法人国立特別支援教育総合研究所　インクルーシブ教育システム推進センター主任研究員
通級指導を含めた高等学校における特別支援教育に関する調査研究に取り組む。

清野　絵
（せいの　かい）

国立障害者リハビリテーションセンター　研究所障害福祉研究部心理実験研究室　室長
医療や福祉のサービスや支援方法および就労支援の実証研究に取り組む。

武澤　友広
（たけざわ　ともひろ）

独立行政法人高齢・障害・求職者雇用支援機構　障害者職業総合センター　上席研究員
就労支援に関するアセスメントツール、支援ツールの開発研究等に取り組む。

知名　青子
（ちな　あおこ）

独立行政法人高齢・障害・求職者雇用支援機構　障害者職業総合センター　上席研究員
発達障害者の職場定着支援と仕事を通じた自立をテーマに日々探求している。

新堀　和子
（にいぼり　かずこ）

LD等発達障害児・者親の会「けやき」会員
家庭と連携した発達障害のある子どものキャリア発達に関する研究に取り組む。

宮澤　史穂
（みやざわ　しほ）

独立行政法人高齢・障害・求職者雇用支援機構　障害者職業総合センター　上席研究員
職場における合理的配慮、認知機能のアセスメントに関する研究等に取り組む。

若林　上総
（わかばやし　かずさ）

宮崎大学教育学部　准教授
発達障害のある高校生の行動支援や、全校的支援体制の整備の研究に取り組む。

＊各執筆担当項目については、もくじを参照してください。

発達障害のある高校生の
キャリア教育・進路指導ハンドブック　就労支援編

2023年10月10日初版第1刷発行

編著者　　榎本容子 井上秀和
発行者　　安部英行
発行所　　学事出版株式会社
　　　　　〒101-0051　東京都千代田区神田神保町1-2-5
　　　　　電話03-3518-9655
　　　　　HPアドレス　https://www.gakuji.co.jp

企画　　　三上直樹
編集協力　出版・編集工房　池田企画
印刷・製本　研友社印刷株式会社

ISBN978-4-7619-2968-8 C3037